できる社長の会計力

経営・会計の王様!!「純資産」

金児 昭

Akira Kaneko

税務経理協会

はじめに——「純資産」は経営と会計の「王様」です！

●純資産は経営の要《かなめ》！

二十一世紀に入って、日本の会計の世界はさまざまな変化の波に洗われてきました。会計ビッグバンに始まり、会社法の制定まで、日本中の会計学者や会社法学者の方々が大騒ぎしてきましたが、私はその多くを、三〇年も前の一九七〇年から、アメリカでの経理・財務の実務の世界で経験していました。

会社法では、「資本金《しほんきん》は一円でよい」となりましたが、三〇年前にアメリカでは資本金一ドルで会社をつくれました。実際、かつて私が所属した会社では、アメリカに資本金一〇ドルで子会社（シンテック）をつくりました。バランス・シートの「資本《しほん》の部」は「純資産《じゅんしさん》の部」と呼び名（と内容）が変わりましたが、アメリカでは、ずーっと前から、ネット・エクイティ（純・持分《もちぶん》）かネット・アセット（純・資産）です。

そうした体験の中で、私が心から感じるのは、「バランス・シートの純資産を正確に、迅速に、誠実に増やしていくのが本当の経営である」ことです。

●純資産は三つの決算書の要！

純資産を増やすためには、借金を減らし（早く返し）、純利益を上げます。

純利益を上げるには、売上を上げ、費用を抑えます。借金を少なくして、お金（キャッシュ）の回りをよくして、会社の中にお金を貯めていきます。

これらは当たり前のことですが、実は純資産は、バランス・シートだけでなく、損《そん》益計算書《えきけいさんしょ》やキャッシュフロー計算書とも深くかかわっているのです。

純資産は、まさに三つの決算書の要です。

●純資産は企業価値の要！

二十一世紀になり、マスコミを騒がせている敵対的《てきたいてき》（非友好的《ひゆうこうてき》）M&Aですが、私はこれまで約一〇〇の国内・海外での非・敵対的（友好的）買収《ばいしゅう》に参画してきました。

友好的な買収でも、買収時に、会社の売買価額《ばいばいかがく》について激烈な折衝が行われます。会社には決算書に載らないさまざまな「見えない資産」がありますが、これらを含む「企業価《きぎょうか》値《ち》」の大本《おおもと》は帳簿価額（簿価《ぼか》）での「純資産」です。

買収価額は、決算書に載っている「純資産」の大事さをよーくわかった上で、「見えない資産」を考慮して最後は経営的な判断で決定されます。

上場会社で、ブランド力を誇っている会社でも、決算書で大きな赤字を出したり（純資産が減ります）、大きな借金を抱えたり（純資産比率が下がります）、純資産を危《あや》うくすると、あっと言う間に株価は下がってしまいます。

それを恐れて、不正な決算書をつくって純資産を偽《いつわ》れば、市場からレッドカードを突きつけられます。

やはり、「純資産」が企業価値を決める要です。

●みんなで純資産を大事にする経営を！

できる社長は、こうしたことを会社の中でいちばんよく知っています。

そうした社長は、「どうすれば企業価値を高められるか（純資産の時価を増やせるか）」「この企業価値（純資産の時価）はどのくらいか」を、つねに考えながら経営実行をしています。

純資産をいつも考えながら行動することが「経営」です。そして、純資産を増やすために現場数字《げんばすうじ》を向上させる実行力が、本当にできる社長の「会計力」です。

●純資産は経営と会計の王様

まさに、純資産は経営と会計の王様です。

社長だけでなく、会社で働くすべての人が純資産を大事にする行動がとれれば、こんなによい会社はありません。そうした「人」こそが、会社の最大の（見えない）資産です。

純資産を増やしていくのも、減らしていくのも、そこで働く「人」です。

本書で、一人でも多くの方々に純資産の大事さを実感していただいて、さらに本書が、正確に、迅速に、誠実に純資産を高めていくための一助となれば、私にとってこんなに嬉しいことはありません。

二〇〇七（平成十九）年五月十日

金児《かねこ》　昭《あきら》

目次

はじめに――「純資産」は経営と会計の「王様」です！

純資産「五つの説明」と「十の価値」

プロローグ　純資産（芸術）が爆発する！ …… 1

1　会社・お店は誰のもの？ …… 2
2　純資産の九九％が株主資本 …… 5
3　純資産は芸術のごとく爆発する！ …… 10
4　利益処分（計算書）や未処分利益がなくなった …… 14
5　連結の「純資産配当率」「配当性向」が新時代の配当方針 …… 18
6　すべての会社で大切な純資産 …… 21

目次

第一章　「純資産」を見れば会社の本当の姿がわかる

1　バランス・シート上の資本金……28
2　バランス・シートの純資産……31
3　「資産G」「負債G」「純資産G」の科目……34
4　収入は純資産（利益剰余金）の増、費用は純資産（利益剰余金）の減、と考えるのが大本……37
5　「株主資本等変動計算書」は純資産の「残増減残」……40
6　純資産の簿価と時価……44
コラム　バランス・シートも損益計算書も、「科目の四マス」の「終わりの残」……47

第二章　経営の九九・九％は「決算書」を大事にすること

1　三つの決算書とプラス1の純資産変動表……54
2　株主総会第一号議案は「利益剰余金の処分」……57

3 資産の売買は簿価ではできない …… 60
4 決算書がよくなければ「ブランド」は全く意味がない！ …… 64
コラム 「株主資本等変動計算書」を分解する …… 66

第三章 M&Aは純資産から始まる

1 M&Aは純資産の売買である …… 76
2 デュー・ディリジェンス（Due Diligence＝詳細調査） …… 80
3 「のれん」とは何か？ …… 84
4 デュアリングM&A、最大は人の問題 …… 90
5 アフターM&Aの「最大の見えない資産＝人」 …… 94
6 「デュアリングM&A」は「アフターM&A」のためにある …… 97
7 「相対の株価折衝」は株主（経営者）同士が行う …… 103
8 子会社と関連会社の範囲の日米の違い …… 108

9 会社は上場がよいか、非上場がよいか …… 113
10 何かと話題の三角合併とは? …… 116
コラム 敵対的買収と非・敵対的買収 …… 119

第四章 「知の資産」は決算書に出てこない

1 純資産の膨らみは「見えない資産」 …… 124
2 経営と「知の資産」 …… 128
3 インテグリティ(誠実さ)という崇高な「知」 …… 131
4 見えない技術・ノウハウという「知」 …… 134
5 人という最大の見えない「知」 …… 136
6 原材料の調達という「知」 …… 138
コラム 純資産経営で、個人も会社も国もよくなる …… 140

第五章　これだけは知っておきたい！「会計力」を高める「現場数字」

1　純資産比率が主役に踊り出る……144
2　相続税に株価計算（純資産時価評価）の基礎がある……148
3　純資産純利益率で利益の効率性を見る……154
4　純資産回転率で売上の効率性を見る……156
5　純資産増加率で会社の成長性を見る……158
6　株主・投資家が注目するＲＯＥとは？……160
7　三つの経営力とプラス１……162

エピローグ
対談 「資本の部」から「純資産の部」へ
～会社法の制定と会計基準の対応～ ……… 169
西川 郁生 × 金児 昭
（企業会計基準委員会委員長）（経済・経営評論家 前金融監督庁顧問）

純資産「五《いつ》つの説明」と「十《とお》の価値」

「純資産」五《いつ》つの説明（帳簿価格＝簿価）

1 バランス・シートの「資産－《マイナス》負債」が純資産。

2 純資産の99％が株主資本。

3 株主資本＋αが純資産（αは「等《とう》」という）。

4 株主資本≒資本金＋資本剰余金＋利益剰余金。

5 利益剰余金は、会社のはじめから今まで［累計］の純利益。

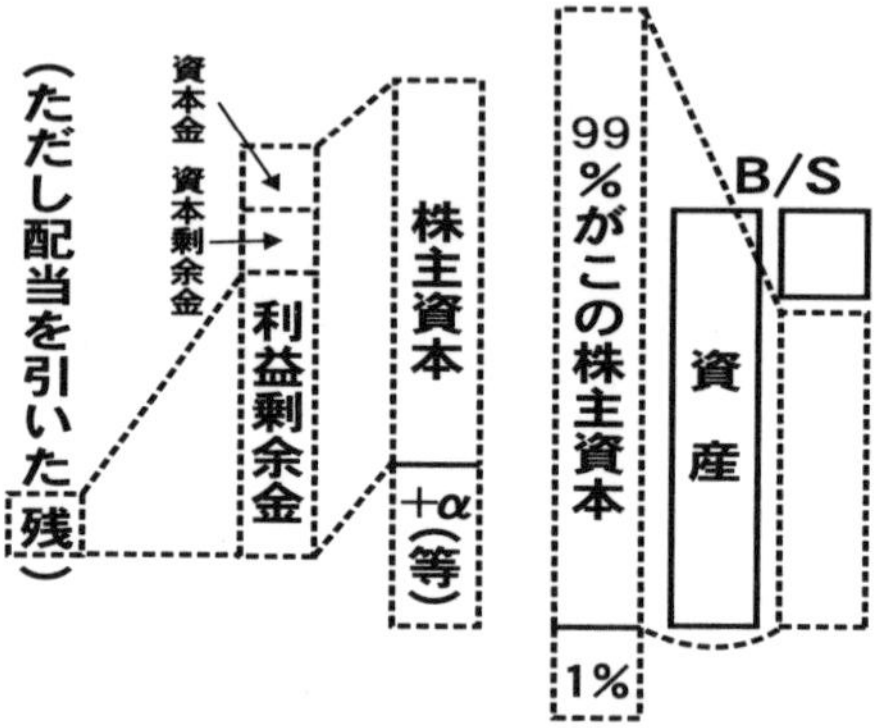

「純資産」十《とお》の価値（簿価±《プラスマイナス》含み損益＝時価、知＝第三の価値、±《プラスマイナス》人気＝上場株価）

1 企業価値と聞いたらまず純資産と考えよう。

2 売上、費用、その差（損益）が純資産の利益剰余金の中でとらえられる。

3 現場（販売、製造、研究、M&A）が純資産を増やしていく。

4 「現場の経営力」のウェイトは純資産99%、ブランド1%。

5 純資産の真の意味を知る。ブキ（Book-keeping＝決算書－経営）の要《かなめ》は純資産。

6 M&Aは純資産の売買である。

7 「のれん」は時価純資産を超える「知＋人気」である。

8 企業買収（アクイジション）の最重要ポイントは「簿外純資産の人間」である。

9 三角合併の底力は親会社（海外も）の純資産の本当の価値である。

10 会社の真の利害関係者《ステークホルダー》（株主、従業員・経営者、社会）は**純資産の真の理解者である。**

プロローグ　純資産（芸術）が爆発する！

1 会社・お店は誰のもの？

◆株主・従業員・社会のために

どんな会社やお店にも、その会社やお店が成り立っていくために必要な人々や組織があります。それを、ステークホルダー（利害関係者《りがいかんけいしゃ》）と言います。私はステークホルダーとして、次ページのように二〇挙げています。

この中で、「会社は誰のもの？」と問われたとき、私はいつも、「お金を出した人、そこで働く人、そしてお店や会社が活動して影響を受ける人」とお答えしています。株式会社でいえば、「株主」「従業員（経営者も含む）」「社会」の三つです。会社やお店は、これらの人々のためにあります。

「株主」は会社の元手《もとで》（資本金）を出している人、「従業員（経営者も含む）」はその元手を使ってモノやサービスを生み出し、「社会」に提供していく人です。会社やお店が生み出したモノやサービスが「社会」にとって価値あるものと認められたとき、モノやサービスが売れて、会社は元手を増やし次の活動を続けていけます。会社は「株主」「従業員」

金児昭の「お店・会社のステークホルダー（利害関係者）20」

経営者 ①	従業員 ②	監査役 ③	社外取締役 ④
株主・投資家 ⑤	顧客 ⑥	取引先 ⑦	社会 ⑧
会計学者 / 会社法学者 / 経営学者 ⑨	国家 ⑩	企業会計 / 基準委員会 ⑪	公認会計士（協会） ⑫
メディア（新聞社ほか） ⑬	経済評論家 / 経営評論家 / エコノミスト ⑭	アナリスト ⑮	格付会社 ⑯
政府 ⑰	政治家 ⑱	官庁（金融庁ほか） ⑲	日本版SEC（証券取引等監査委員会） ⑳

！

○ステークホルダー

利害関係者。その会社と利害関係をもつ存在のこと。株主はもちろん、従業員、取引先、さらに地域社会や自治体までを含んだ議論が行われることもある。

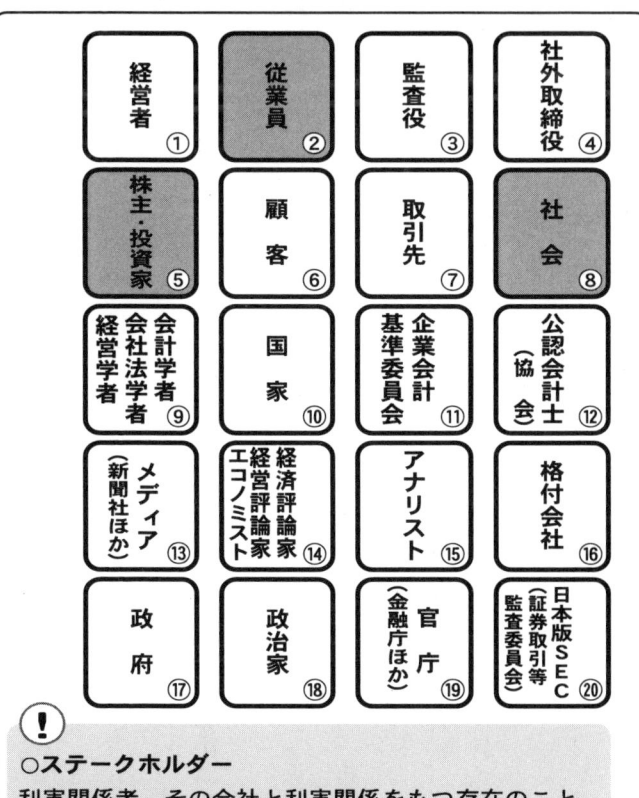

「社会」のためにあり、「株主」「従業員」「社会」のものです。

ところが、「会社は誰のもの?」「誰のため?」という議論がなされるとき、「株主」だけがクローズアップされることがしばしばあります。そうした意見に私は、ずっと反対してきました。経営者の方からすれば「自分の親分《おやぶん》は株主」という考え方もありますが、日本でもいろいろな企業買収《ばいしゅう》が話題になるにつれて、「従業員だけ」「従業員が大事」という考え方が広がっています。後でお話しますが、人(=従業員。経営者も含む)は、会社にとっていちばん大事な「見えない資産《しさん》」なのです。

会社ではなくて、個人でお店をやっている場合を考えてみましょう。その場合、お店をやっている人は、株主であり、社長であり、従業員です。そして、社会の一市民としての立場ももちろんあります。大きな会社も同じである、と私は考えています。

平社員から社長まで会社で働くすべての人が、自分は株主であると同時に、経営者であり、従業員である――そうした気持ちで日々の仕事に取り組んでいることが、株主にとっても、従業員にとっても、社会にとっても素晴らしいことだと思います。

そうした会社は、確実に「純資産《じゅんしさん》」を増やしながら活動(経営)を続けています。ここで、純資産と経営をめぐる話題について、まずはザックリと見ていきましょう。

2
純資産の九九％が株主資本

◆資産－《マイナス》負債（マイナスの資産）が純資産

貸借対照表の左側には、「資産《しさん》」があります。右側には、普通に考えれば「負債《ふさい》」があります。左側の資産が一〇〇で、右側の上の負債が四〇とします。この一〇〇から四〇を引いた残りの六〇が、右下にある「純資産《じゅんしさん》」（資産－《マイナス》負債＝純資産）です（7ページ図表参照）。

なぜ引き算をするかというと、「負債」というのは「マイナスの資産」だからです。つまり、「プラスの資産」（左側）から「マイナスの資産」（右側）を引いたものが「純資産」なんです。プラスの資産の代表は「現金」です。マイナスの資産の代表は「借入金《かりいれきん》」です。ですから、ザックリと考えれば、「現金」から「借入金」を引いた残りが「純資産」です。そう考えると、グンとわかりやすいと思います。

この「純資産」は、これまで、「資本《しほん》の部《ぶ》」と言われていましたが、二〇〇六年五月一日（会社法施行）以降、資本とか資本の部といったことばは使われなくなりました。

プラスの資産からマイナスの資産を引いた、ネットの資産＝純資産ですから、ことばとして整理されて、わかりやすくなったと思います。

なお、英語では、純資産は「ネット・エクイティ（ネット＝純、エクイティ＝株主権《かぶぬしけん》）」あるいは「シェアホルダーズ・エクイティ」と言います。「ストックホルダーズ・エクイティ」という言い方もあります。ストックとは、木の根っこの部分、つまり「株」のことです。これをみんなに割り当てるので、「株」式って言うんです。「シェアホルダー」は株主権を株券《かぶけん》に分けるという意味が強いので、私は「シェアホルダーズ」を使っています。

◆純資産のほとんどを占める株主資本とは？

それでは、純資産の中身はどうなっているのでしょうか。

簡単に言うと、純資産には「株主資本《かぶぬししほん》のグループの科目《かもく》」と、「その他のグループの科目」があります。

株主資本は、株主が出したお金に直接かかわる部分、いわゆる「元手」のことです。純資産のほとんどは「株主資本」です。具体的には、「資本金」「資本剰余金《しほんじょうよきん》」「利益剰余金《りえきじょうよきん》」「自己株式《じこかぶしき》（マイナス表示）」です。今、ここでは意味がわからないかもしれませんが、そんなものがあるのだな、くらいに思っておいてください。あとで、説明していきます。

純資産≒株主資本と考えよう

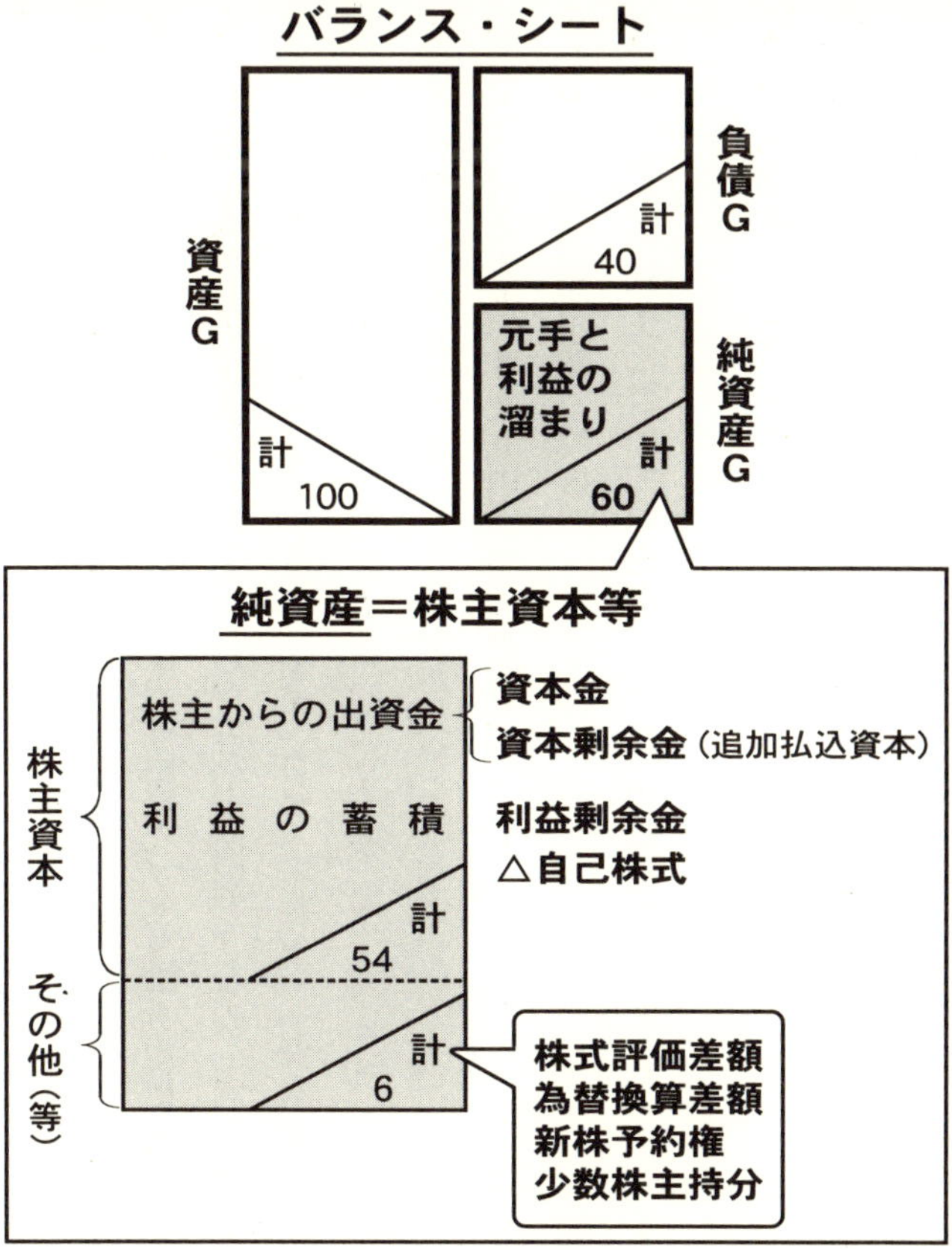

（注）1．Gはグループ（Group）の科目
　　　2．資産G－負債G＝純資産G

二〇〇六年から、会社は資本金一円でつくれるようになりました。だけど、一円では会社を動かせません。

たとえば、お豆腐屋《とうふや》さんを始めようとしたとします。大豆を買ってきて、それを粉砕してニガリを混ぜてお豆腐をつくります。それには、豆腐をつくる場所や機械を借りなければなりません。当面、五〇万円必要だというとき、五〇万円のうちの一円を資本金にしたとします。すると、四九万九、九九九円が残りますよね。これが、「資本剰余金《じょうよきん》」です。「追加払込剰余金《ついかはらいこみじょうよきん》」とか「追加払込資本《ついかはらいこみしほん》」とも言います。英語で言えば、「アディショナル・ペイド・イン・キャピタル」です。

一円の資本金と、四九万九、九九九円の資本剰余金で、お豆腐《とうふ》をつくって売れれば利益が出ます。それが、「利益剰余金」です。

「自己株式《じこかぶしき》」は、いったん株主に買っていただいた自社の株を買い戻したものです。

◆その他の純資産ってどんなもの？

「その他」の部分は、「株式評価差額《かぶしきひょうかさがく》」「為替換算差額《かわせかんさんさがく》」「少数株主持分《しょうすうかぶぬしもちぶん》」などです。「株主資本等」ということばが使われることがありますが、「等《とう》」の部分が「その他」に当たります。ややこしいので、今はあまり詳しく知る必要はありませんが、ザッと説明しておきます。

会社が投資しようと思って一年以上持っている株式が、値上がりしたり、値下がりしたりしたときに、買った価格と時価との差額が純資産に入ります。それが「株式評価差額《かぶしきひょうかさがく》」です。

海外に子会社があれば、連結決算するとき、単位を円に直します。そのとき、売上は今年一年の平均レートで円換算《かんさん》し、資産は決算時の為替で換算するなどしていきます。そうすると、円に直したとき、最後に差額が出てきます。それが「為替換算差額《かわせかんさんさがく》」です。

また、お豆腐屋さんの株式を親戚の人にも少し持ってもらったとします。そのとき、そうした人たちを「少数株主《しょうすうかぶぬし》」（大株主以外の株主）と言います。

これら「その他の部分」は、純資産全体のほんの一％程度のものですから、あまり深く考えず、九九％を占める株主資本＝純資産と、ザックリと考えてください。

3 純資産は芸術のごとく爆発する！

◆純資産は決算書の要

画家岡本太郎さんのおことば「芸術は爆発だ！」ではないのですが、「純資産」は芸術のごとく爆発します。

次ページの図を見てください。

真ん中に純資産があります。そして、カッコ書きで株主資本としてあります。株主資本は「自己資本《じこしほん》」と言われることもあります。これは、会計のことばというよりも、経済学や経営学で用いられることばです。

いろいろことばが出てくると面倒《めんどう》ですが、資本を「お金」と読み替えれば少しわかりやすくなります。つまり、自己資本→自分のお金です。

前節で負債（マイナスの資産）の代表は借入金だと申し上げました。借入金は他人から借りてきたお金（資本）ですから、負債は「他人資本《たにんしほん》」とも呼びます。

これに対して、株主の払ったお金（株主資本）が「自己資本」です。純資産＝株主資本

純資産は（芸術のごとく）爆発だ！

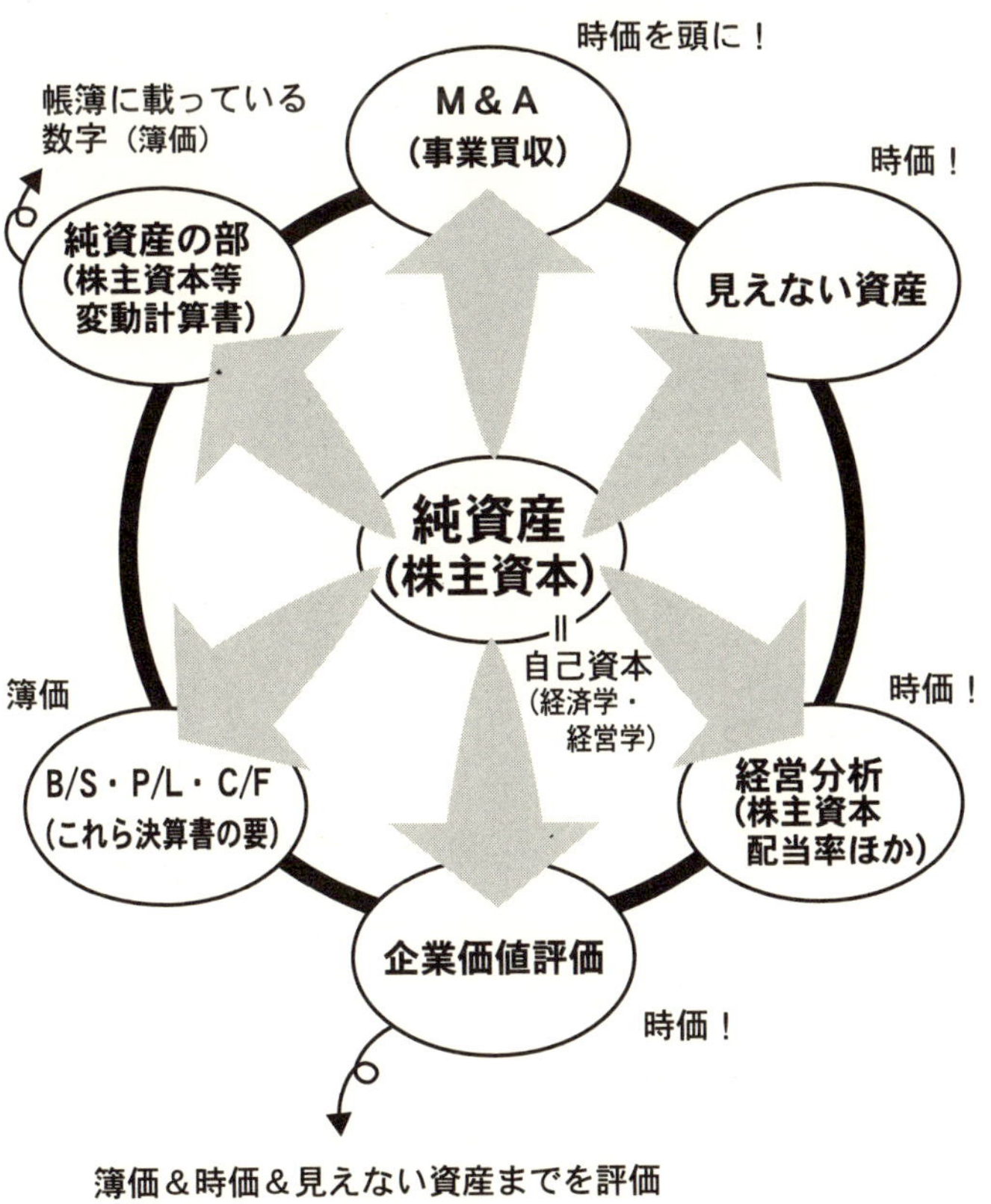
時価を頭に！
M & A
（事業買収）
時価！
見えない資産
帳簿に載っている
数字（簿価）
純資産の部
（株主資本等
変動計算書）
純資産
（株主資本）
＝
自己資本
（経済学・
経営学）
簿価
B/S・P/L・C/F
（これら決算書の要）
時価！
経営分析
（株主資本
配当率ほか）
企業価値評価
時価！
簿価＆時価＆見えない資産までを評価
上場したあと“人気”が入る

＝自己資本と覚えておくとよいでしょう。

さて、前ページの図では、純資産を六つの矢印（あたかも爆発！）で示しました。

左下に三つの決算書バランス・シート（Ｂ／Ｓ）、損益計算書（Ｐ／Ｌ）、キャッシュフロー計算書（Ｃ／Ｆ））があります。純資産は、これら三つの決算書の要になるものと考えてください。

そのすぐ上に、「純資産の部」（株主資本等《とう》変動計算書）とあります。これは、帳簿に載《の》っている数字の価値です。これがすべてのベースになります。たとえば、純資産の帳簿価格が「六〇円」であれば、この帳簿価格をベースとして、頭の中ではつねに「時価」を意識していなければなりません。

たとえば、Ｍ＆Ａ（企業買収）も会社の事業（仕事）の一つです。純資産の帳簿価格は六〇でしたが、Ｍ＆Ａを行うときは、今、ぜんぶ資産を時価で売り払って、借金もすべて返済したらいくら残るかを考えます。すると、「八〇円」残るとします。これが、純資産の「時価」になります。

さらに、この会社にはとても優秀な経営者や研究者がいたとします。会社にどれほど素晴らしい人がいても、社長や従業員はバランス・シートには載りません。

牛や馬であれば、ちゃんとバランス・シートに載りますし、時価評価《じかひょうか》もできます。普通の馬と三冠馬《さんかんば》では、バランス・シートに載る数字も時価評価額も違ってきます。だけど「人」は、どれだけ優秀で会社に多くの利益をもたらすことができても、バランス・シートに載りません。当然、簿価も時価もありません。

そういう人たち、つまり「見えない資産」も評価したら、「一二〇円」になったとします。

さらに、ここに「人気」が加わります。上場している会社であれば、市場で「二一〇円」の値段がついたとしたら、その差九〇円は人気分です。上場していない会社なら、この会社を上場したとき、いくらの値がつくかを考えます。

経営分析《けいえいぶんせき》は、こうした「見えない資産」を頭において行います。

このように、簿価→時価→見えない資産→人気、まで全部考えたものが企業価値《きぎょうかち》です。

企業価値は、その活動の結果として、B／S（バランス・シート）、P／L（損益計算書）、C／F（キャッシュフロー計算書）に反映され、純資産を増やしていきます。純資産を大事にしていくことで、会社の価値が高まり、さらに純資産が増えていきます。

経営とは、純資産の利益剰余金を増やしていくことです。

4 利益処分（計算書）や未処分利益がなくなった

◆配当は利益剰余金から支払う

二〇〇六年五月以降、今まであった「利益処分《りえきしょぶん》」とか、「利益処分計算書」とか、「未処《みしょ》分利益《ぶんりえき》」といったことばがなくなりました。

「利益処分計算書」は、「当期純利益から配当を支払う」という考え方からつくられてきたものです。

株主に配当を支払うとき、どこから支払うかということについて、これまで大きく二つの考え方がありました。

一つは、当期純利益から配当を支払うという考え方で、これが「未処分利益」（未だ配当を支払う〔処分〕前の利益）ということばにつながっていました。そして、もう一つは、過去のたまった利益から配当を支払うという考え方です。

これまで日本は、配当は当期純利益から支払うという感覚を大事にしてきました。

個別決算の当期純利益が一〇〇あって、そのうち配当を三〇支払ったとすれば、「配当性向」（＝配当÷当期純利益）は三〇％です。

ところが、今後はそうした考えはなくなります。配当は、当期純利益から支払うのではなく、純資産（＝株主資本）の中から支払うのです。

当期純利益が上がらなくても、これまで貯めた分の中から配当ができるとなれば、一年間の成績の悪さを株主からそれほど非難されなくなります。純利益を上げることのできない経営者の中にはホッと胸をなでおろしている人もいるかもしれません。

代わりに、「株主資本配当率」（＝配当÷株主資本）が使われるようになるでしょう。そうなると、これまでの純利益の累計が一、〇〇〇あって、三〇配当するとすれば「株主資本配当率、三％」というふうに使われるようになると思います。実際、すでにいくつかの会社が、「株主資本配当率」を使い始めています。

そのため、最近は配当を増やしている会社も増えています。

「当期純利益」よりも「純資産」が大事な時代になったのです。

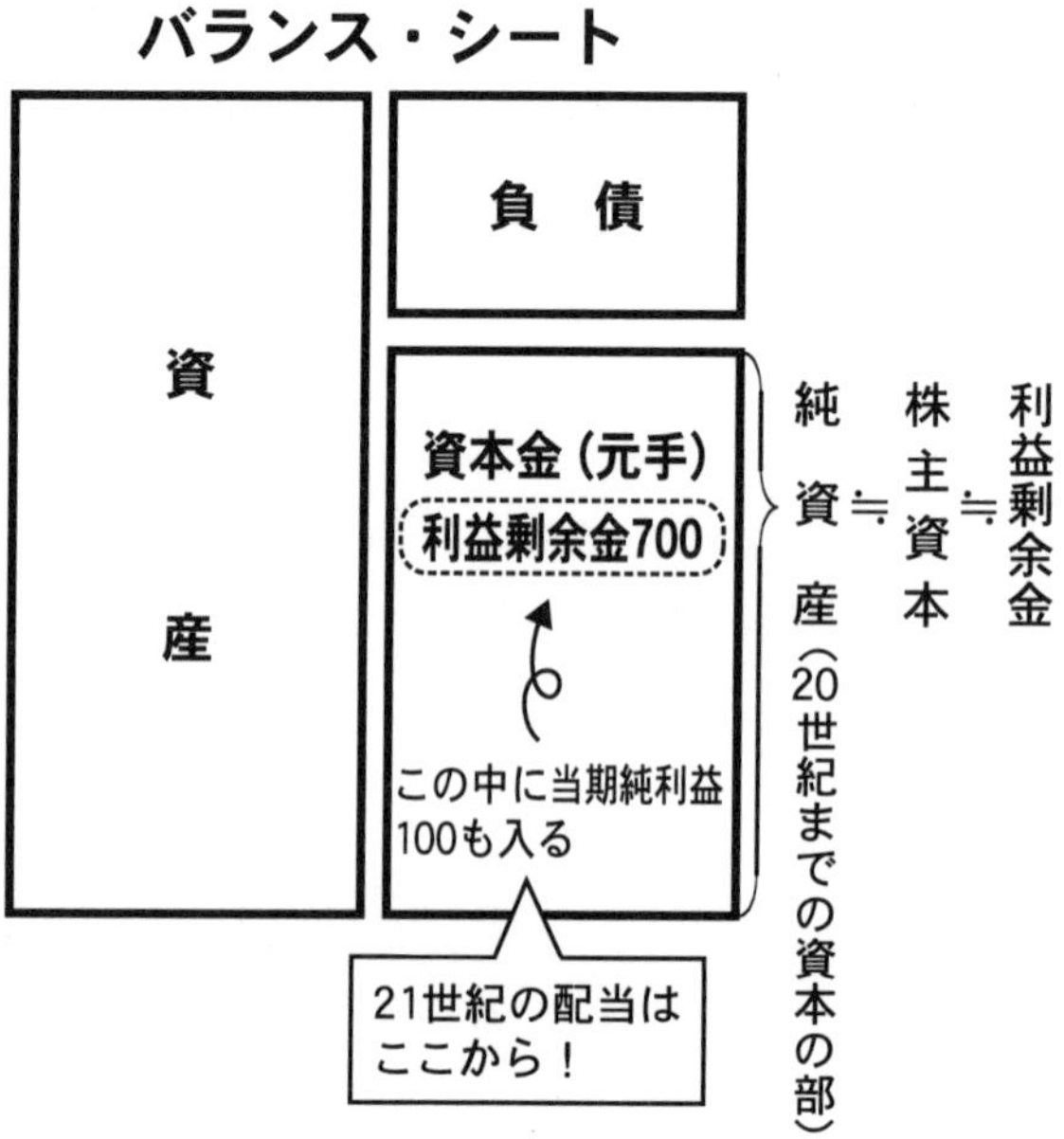

バランス・シート
資産
負債
資本金（元手）
利益剰余金700
この中に当期純利益100も入る
21世紀の配当はここから！
純資産（20世紀までの資本の部）≒株主資本≒利益剰余金

20世紀の配当は「当期の利益」から、21世紀の配当は「利益のたまり」から払う

	純　利　益	利益剰余金
年／月	当期純利益	累計の純利益
2001/3	100	100
2002/3	100	200
2003/3	100	300
2004/3	100	400
2005/3	100	500
2006/3	100	600
2007/3	100	700

↓ 20世紀の配当金はここから支払う

↓ 21世紀の配当金はここから支払う

6月30日の株主総会

20世紀

未だ処分が決まっていない当期純利益
＝
未処分利益
＝
利益処分
⇓
株主への配当金

21世紀

未だ処分が決まっていない累計利益剰余金
＝
(いわば)未処分利益剰余金
＝
利益剰余金の処分
⇓
株主への配当金

5 連結の「純資産配当率」「配当性向」が新時代の配当方針

◆当期利益から純資産へ、単独から連結へ

配当の考え方が、「当期利益の配分」から「利益剰余金（≒純資産）の配分《はいぶん》」へと移行する中で、純資産配当率（≒株主資本配当率。DOE）が重視され始めてきました。

日本経済新聞（二〇〇六年十二月十四日）の説明によると、DOE（Dividend on Equity＝ディビデンド・オン・エクイティ）とは、「株主からの出資金や利益の蓄積《ちくせき》の合計である株主資本のうち、どれだけ配当に回しているかを測る指標。配当を株主資本（純資産）で割ったもので、DOEを高めるには、配当を増やすだけでなく資本効率の改善が大切となる」とあります。目安としては、アメリカでは五％前後、日本では二％前後が目標とされています。この数値を良くしようと思えば、分子を大きくする（配当を増やす）か、分母を小さくする（資本効率を改善する）ことになります。

たとえば、市場に出回った自己株式を買うと、純資産の部にマイナス表示され、純資産が小さくなります。会社が市場に出している自分の株式を買い入れると、分母が減るわけ

株主資本配当率の夜あけ

株主資本配当率(%)（DOE）＝配　当／株主資本(純資産)

〈米国＝５％前後　日本＝２％前後〉

分解すると　純利益／株主資本 × 配当／純利益

＝株主資本利益率（ＲＯＥ）× 配当性向

（日本経済新聞2006.12.14）

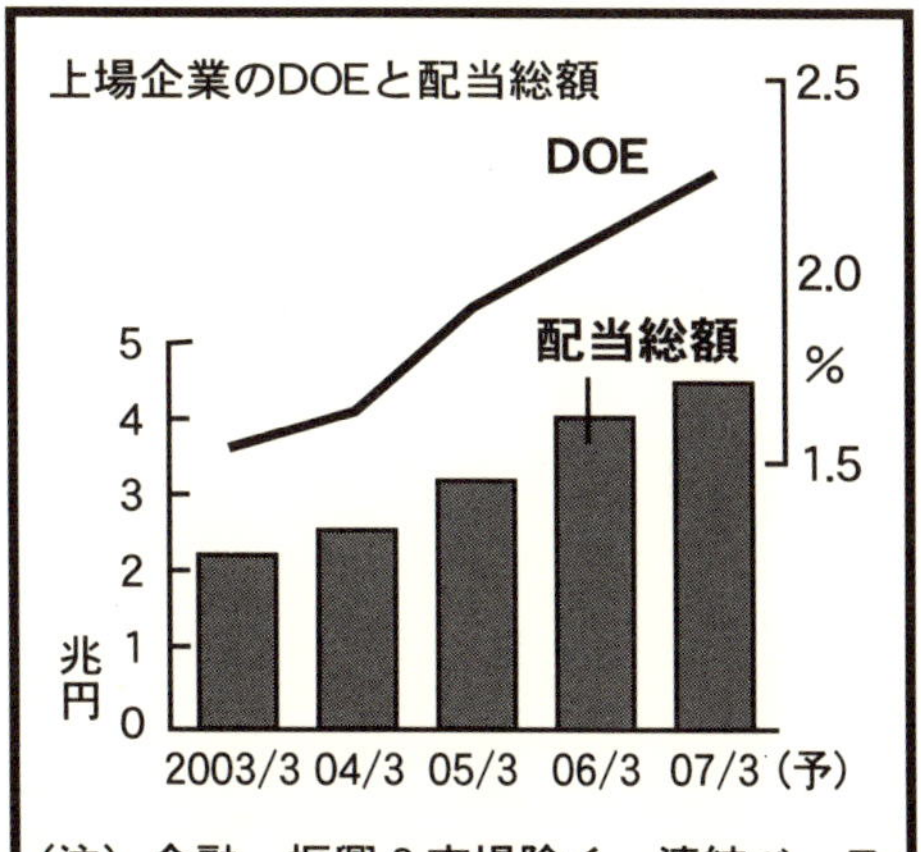

（注）金融、振興３市場除く。連結ベース

です。これも資本効率だと言うのは、ちょっとおかしな話ではあります。基本的には、効率的に元手（純資産）を使って、利益剰余金（純資産）を増やしていきます。

ＤＯＥの計算式を分解すると、（純利益÷株主資本）×（配当÷純利益）であらわせます。（純利益÷株主資本）は株主資本利益率（ＲＯＥ）で、（配当÷純利益）は配当性向です。ＲＯＥと配当性向を掛け合わせたものがＤＯＥであり、そこでは純利益（当期利益）がなくなります。配当と当期利益は関係ない、となってしまうわけです。これが、「利益処分」がなくなった話とつながってきます。

こうした傾向が強まる中で、実は、さらに大変なことが起っています。これまで日本中が、配当は「個別決算」であろうと思ってきたのですが、〇六年十二月十四日付けの日本経済新聞の記事のグラフには、「連結ベース」と注書きが入れられていました。

たとえば、平成十八年三月期のトヨタ自動車の純利益は単独で七、六〇〇億円を、連結で一兆三、〇〇〇億円を超えています。株主資本となれば単独で六兆円、連結で一〇兆円になります。これまで一兆円をベースに考えていたものが、一〇兆円をベースに考えるとなれば、これは大変なことです。

さらに、大事なことは、連結配当性向も重視されてきたことです。配当政策《はいとうせいさく》をしっかり考えなければならないのです。

6　すべての会社で大切な純資産

◆どんな会社でも純資産が大事

純資産にまつわるトピックをご紹介してきましたが、純資産の大切さは、上場しているような大きな会社だけに関係するのではありません。日本には、小中大の会社が約二五〇万社あります。会社にしていないお店を合わせれば五〇〇万くらいあります。そのうち上場している会社は、たった三、八〇〇社です。

資本金一円、取締役一人でも会社がつくれるようになりましたから、小さな会社は、今後もっと増えるでしょう。そうすると、株主兼社長兼従業員というような小さな会社でも、貸借対照表をつくります。

さらに、あとで説明しますが、「株主資本等変動計算書」（すなわち純資産変動計算書）という新しい決算書を、すべての会社がつくらなければなりません。ですから、小さなお店や会社でも、「純資産」の大切さを知っておくことが大事になってきました。

◆純資産は「利益の累積」

では、純資産とはなんでしょうか。

純資産とは、一言で言えば「元手《もとで》」です。もう少し言えば、「元手」と「元手を使って稼いだ利益の累積」です。元手は一円でもいいわけですから、ほとんどは「利益（税引き後）の累積《るいせき》」です。

家計を例にあげて考えてみましょう。家計簿の「元手」には、どんなものがあるでしょうか。

まず、①「自分と家族の出資」があります。次に、②「結婚時の持ち寄り金」があります。そして、家を建てるときなどは、③「親からの贈与《ぞうよ》」を受けることがあります。それも元手です。親が亡くなって遺産があれば、④「親からの相続《そうぞく》」を受けます。さらに、⑤「友人からの応援出資」を受けることがあるかもしれません。

これを文字どおり「元手」にして、活動して「利益（剰余《じょうよ》）」をあげていくのです。

実は、企業会計と家庭会計（家計）はソックリで、お店の会計は家計に必要な会計用語（科目《かもく》）を覚えておけばできてしまいます。

「現金」「預金」「有価証券」「マンション・土地・建物」「自動車」は、「資産グループの科目」になります。一言で言えば、「自分のもの」です。

バランス・シートの３つの科目グループ

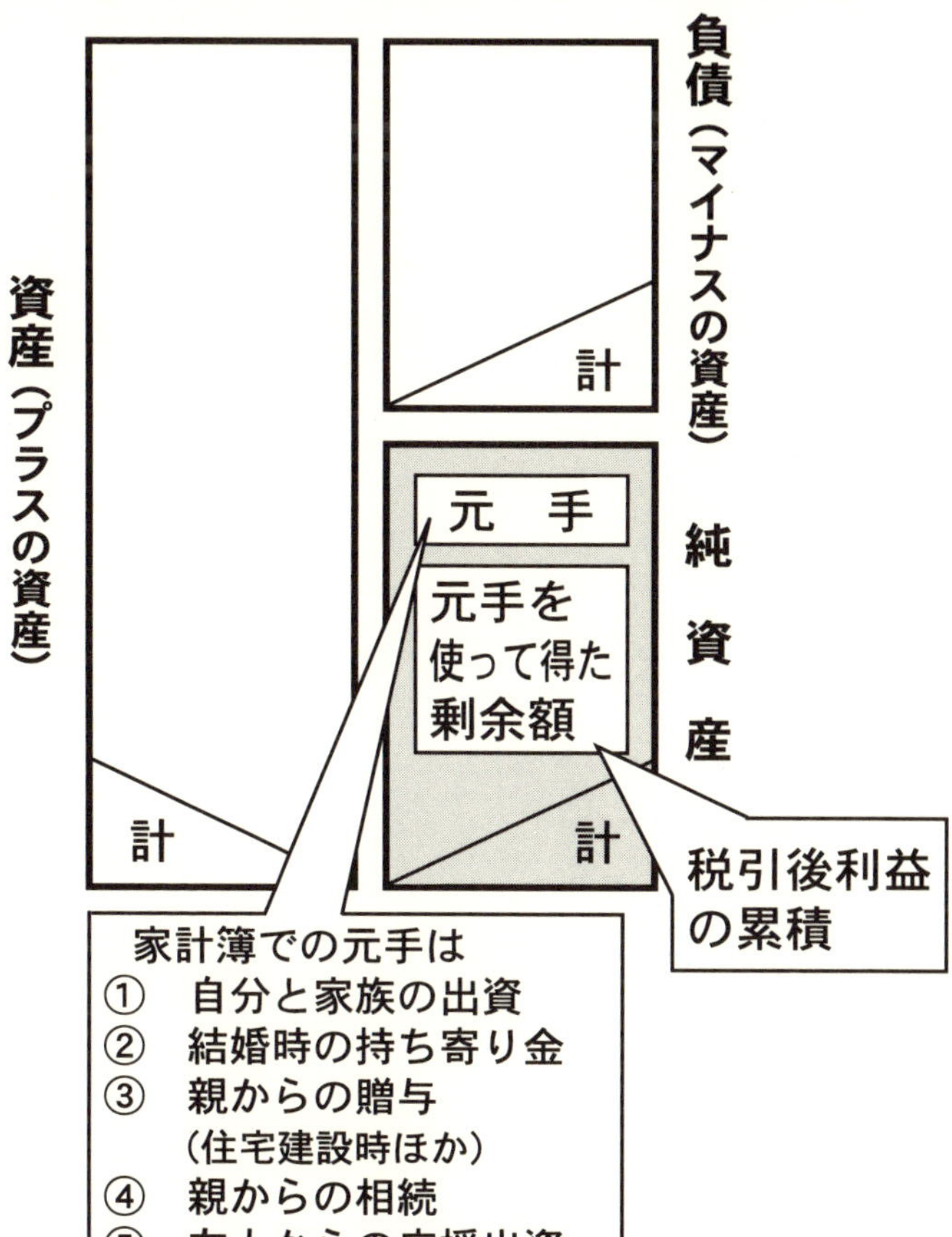
⑤ 友人からの応援出資

一方、「借入金」「ローン未払」などは、「他人のもの」で「返さなければならないもの」があります。これが「負債グループの科目」です。

「自分のもの（資産）」から「返さなければならない他人のもの（負債）」を引いたものが、「純資産グループ」です。その中身《なかみ》は何かと言えば、先にあげた「元手」と「剰余」です。

生活していくには、食費もかかるし税金も納めなければなりません。「税金」「食費」「光《こう》熱費《ねつひ》」「交際費《こうさいひ》」など生活を営《いとな》むために使ったお金は、「費用グループの科目」になります。こうした費用をどこから賄うかといえば、月々の収入から支払います。「受取給料」を「収入グループ」とします。

「収入グループの科目」の合計から「費用グループの科目」の合計を引いたものが「剰余（＝利益）」です。頭の中では、収入グループが増えれば純資産の「剰余が増え」、費用グループが増えれば純資産の「剰余が減る」と考えます。つまり、費用と収入のグループは、「純資産グループ」の子供のようなものなのです。

こうして考えていくと、会社も家計も同じように考えることができます。少し、純資産が身近《みぢか》なものに思えませんか。

家計のバランス・シートの科目

資産グループの科目

現　金
預　金
有価証券
マンション・土地・建物
自動車

負債グループの科目

借　入
ローン未払

純資産グループの科目

元　手
剰　余

費用グループの科目

税　金
食　費
光熱費
交際費

収入グループの科目

受取給料

頭の中では，収入グループの科目の増は「剰余」の増で，費用グループの科目の増は「剰余」の減と考える。だから両グループ「収入」「費用」の科目は「剰余」の子供と考える。

！ 純資産グループの「元手」は、お店や会社の資本金で,「剰余」は今までの累計（お店・会社の税引利益の蓄積）のバランス（残高）です。

(連結)バランス・シートの例

浜松ホトニクス株式会社 (単位：百万円)

科目 ＼ 期別	当連結会計年度(平成18年9月30日) 金額	構成比
【資産の部】		%
Ⅰ 流動資産	93,299	57.9
1 現金及び預金	49,567	
2 受取手形及び売掛金	22,975	
3 たな卸資産	15,371	
4 繰延税金資産	3,529	
5 その他	2,001	
6 貸倒引当金	△146	
Ⅱ 固定資産	67,893	42.1
(1) 有形固定資産	55,458	34.4
1 建物及び構築物	23,572	
2 機械装置及び運搬具	10,698	
3 工具，器具及び備品	3,783	
4 土地	13,528	
5 建設仮勘定	3,874	
(2) 無形固定資産	474	0.3
(3) 投資その他の資産	11,960	7.4
1 投資有価証券	5,116	
2 長期貸付金	42	
3 投資不動産等	286	
4 繰延税金資産	4,856	
5 その他	1,674	
6 貸倒引当金	△16	
資産合計	161,192	100.0

科目 ＼ 期別	当連結会計年度(平成18年9月30日) 金額	構成比
【負債の部】		%
Ⅰ 流動負債	52,433	32.5
1 支払手形及び買掛金	11,269	
2 短期借入金（一年以内返済予定長期借入金含む）	7,173	
3 一年以内償還転換社債	14,667	
4 未払法人税等	4,212	
5 賞与引当金	5,001	
6 役員賞与引当金	60	
7 設備購入支払手形	1,529	
8 その他	8,520	
Ⅱ 固定負債	20,614	12.8
1 新株予約権付社債	3,620	
2 転換社債	−	
3 長期借入金	4,031	
4 繰延税金負債	91	
5 退職給付引当金	11,475	
6 役員退職慰労引当金	1,385	
7 その他	10	
負債合計	73,048	45.3
【純資産の部】		
Ⅰ 株主資本	85,509	53.1
1 資本金	26,487	
2 資本剰余金	26,236	
3 利益剰余金	38,802	
4 自己株式	△6,016	
Ⅱ 評価・換算差額等	1,794	1.1
1 その他有価証券評価差額金	1,712	
2 繰延ヘッジ損益	△53	
3 為替換算調整勘定	135	
Ⅲ 少数株主持分	839	0.5
純資産合計	88,143	54.7
負債・純資産合計	161,192	100.0

第一章

「純資産」を見れば会社の本当の姿がわかる

1 バランス・シート上の資本金

◆「資本金一円」の意味

二〇〇六年五月以降、会社をつくるとき、資本金は一円でよいことになりました。会社は始まってからあとが大事なので、始めるときは一円でもよい、というのが基本的な考え方です。

以前、日本は「資本充実《しほんじゅうじつ》の原則」を大事にしていました。債権者《さいけんしゃ》や株主に迷惑をかけないように、初めにお金がたくさんなければ会社をつくれませんでした。また、できた会社も、資本金が大きければ大きいほどいい会社であると言われました。一般的にも、初めにお金がたくさんある会社、つまり資本金の大きい会社は立派《りっぱ》な会社という感じをもっている人が多かったと思います。

確かに純資産の中身の一つが資本金なので、それはそれでよいのですが、純資産が増加していく大本《おおもと》は当期の利益、その累計《るいけい》が利益剰余金で、これこそが一番大切なのです。

アメリカでは三〇年も前から、資本金一ドルで会社をつくれました。実際、私は、たっ

バランス・シートの資本金

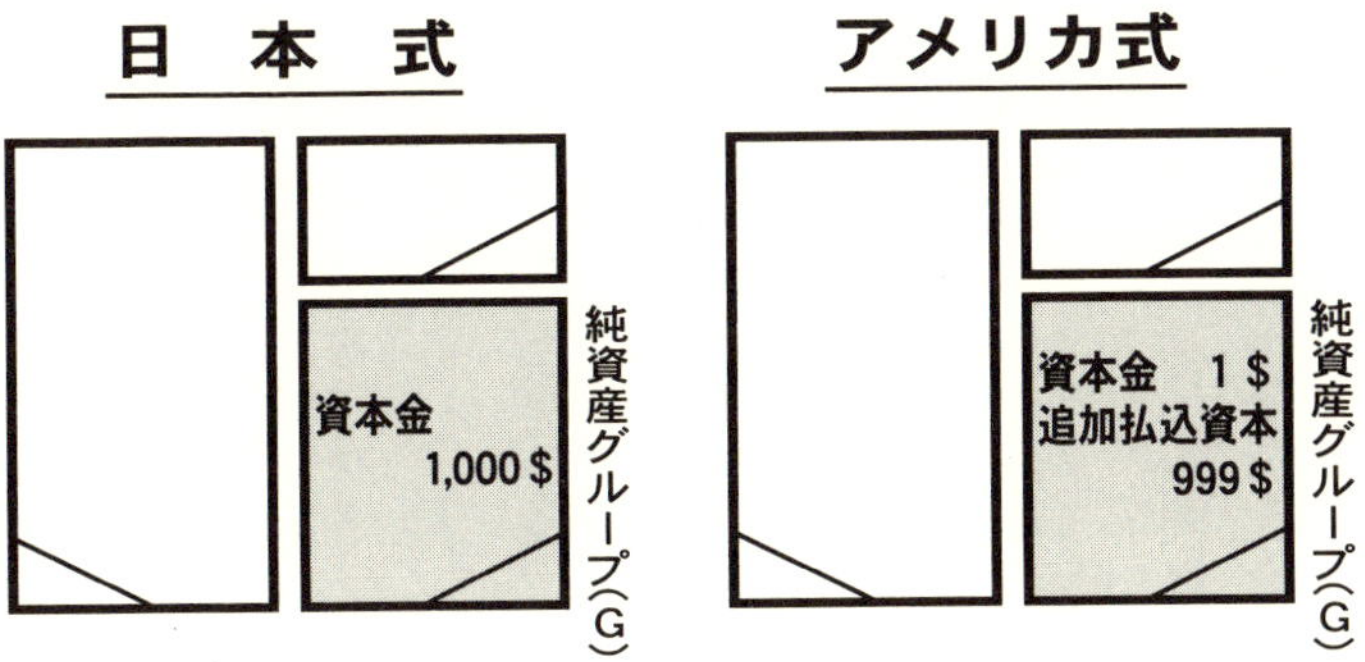

会社は始まってから後が大事。
はじめは１円とか１＄でもＯＫ。

た一〇ドルの資本金で信越化学がアメリカに子会社をつくる案件にかかわりました。日本の会社法学者（かつての商法学者）の方々は、資本充実の原則がなくなってしまってショックを受けていますが、広く世界を見れば、驚くようなことではないのです。

どれほど最初にたくさんお金があっても、うまく会社を運営していかなければ、あっという間にお金はなくなります。逆に、最初にお金はたくさんなくても、立派に会社を運営して利益を上げていけば、お金を貯めていくことができます。

私は会社に入って数年の間、資本金は会社の金庫に入っているものとばかり思っていました。お恥《は》ずかしい話ですが、資本金一億円の会社なら、金庫に一億円入っていると思っていたのです。資本金なんてお金は、とっくの昔に設備や機械や原材料や人件費に形をかえてしまっていて、実際はどこにもないことを知ったときは、心底《しんそこ》驚きました。

会社をつくるときに初めからたくさんお金を持っている必要はなくて、お金がなければ一円で会社をつくって儲けて、あとで支払うようにしておけば会社は成り立っていく——それが、資本金一円の考え方です。

そうなると、バランス・シートの中で資本金はほとんどないも同然です。バランス・シートの中で、利益剰余金（利益の溜《た》まり）の重みは今後ますます増していくでしょう。

2 バランス・シートの純資産

◆純資産の親玉は利益の蓄積である「利益剰余金」

バランス・シートの純資産は、資産から負債を引いたものだとお話しました。ここで純資産を理解するために、バランス・シートについて簡単に説明しておきましょう。

バランス・シートは、ある一瞬の会社の財産の状況をあらわした表です。大まかに見ると、右側は「お金の入り方」(調達)をあらわし、左側は「お金の使い道」(運用)をあらわします。この見方は、バランス・シートのほんの一つの見方ですが、このようにお金の流れを頭に入れながら見ていくと、バランス・シートの姿をザックリとつかむことができます。

お金の使い道をあらわす左側に載《の》っているのが「資産Gの科目」です(これからはグループをG(group)であらわします)。

資産Gは、①「自分のもの」と②「自分の権利(あとで返ってくるもの)」のかたまりです。①は、ここに「車」とあれば、お金を使ったことによって自分のものである「車」がいくらある、ということをあらわします。「現金」とあれば、今、自分のものである「現金」がいくらあるか、を示しています。また、②は、後でお金をもらう権利《けんり》です。貸付《かしつけ》やツケでものを売ったりすると後からお金をもらえる権利となります。

右側は、お金がどうやって入ってきたかを示します。右側は大きく「負債Gの科目」と「純資産Gの科目」に分かれています。

「負債Gの科目」には、借金などの他人から借りてきたものが載っています。借りてきたもの（他人のもの）ですから、必ず返さなければなりません。このことを心からわかっていなかったから、バブルは崩壊したのです。だから、これは非常に大事なことです。

そして、元手（資本金）や利益のたまり（利益剰余金）が載っているのが、「純資産Gの科目」です。借金《しゃっきん》（負債G）は返さなければならない「他人のお金」（＝他人資本）ですが、元手（純資産G）は基本的には返さなくてもいい自分のお金（＝自己資本）です。厳密に言えば、自己株式を買ったり、会社を解散したりしたときは株主にお金を返しますが、当分の間は返さなくていいお金です。純資産が多い会社は、返さなくてもいい元手や利益の蓄積《ちくせき》（自己資本）がたくさんある会社です。

先に述べたように会社法では、資本金は一円でもいいことになりましたから、純資産の中身《なかみ》は基本的には利益の蓄積《ちくせき》をあらわします。つまり、純資産（＝自己資本）の大きい会社は、利益を着実に上げて、それを貯めている会社で、よい経営をしてきている会社です。

バランス・シートのしくみ

資産グループの科目

①自分のもの
- 現金
- 車

②お金をもらえる権利
- 売掛金
- 貸付金

お金の使い道（運用）

負債グループの科目

①他人に支払うべきもの
- 買掛金
- 借入金

純資産グループの科目

①元手
- 資本金

②利益のたまり
- 利益剰余金

お金の入り方（調達）

3 「資産G」「負債G」「純資産G」の科目

◆バランス・シートと損益計算書は純資産でつながっている

バランス・シートに載っているいくつもの項目を、「科目」と言います。

「資産」「負債」「純資産」といったことばは、ふだん気楽に使われますが、大事なのはそのグループ（group＝G）の中に並んでいる一つひとつの「科目」です。

科目がたくさん並んでいると、なんだかむずかしそうに思えますが、もともと科目に分けるのは決算書をわかりやすくするためです。ですから、自分たちでわかりやすいように科目を決めればいいのです。

ここ（次頁の図）では、バランス・シートの三つのグループの中で、それぞれのグループのリーダーに当たるような代表的な科目を一つずつあげてみました。

資産Gの科目の代表は「現金」、負債Gの科目（マイナスの資産G）の代表は「借入金《かりいれきん》」、純資産Gの科目の代表は「資本金」です。

サブリーダーまであげるとしたら、資産Gの科目は「現金」と「車」（または「貸付金」）、

資産－負債（マイナスの資産）＝純資産

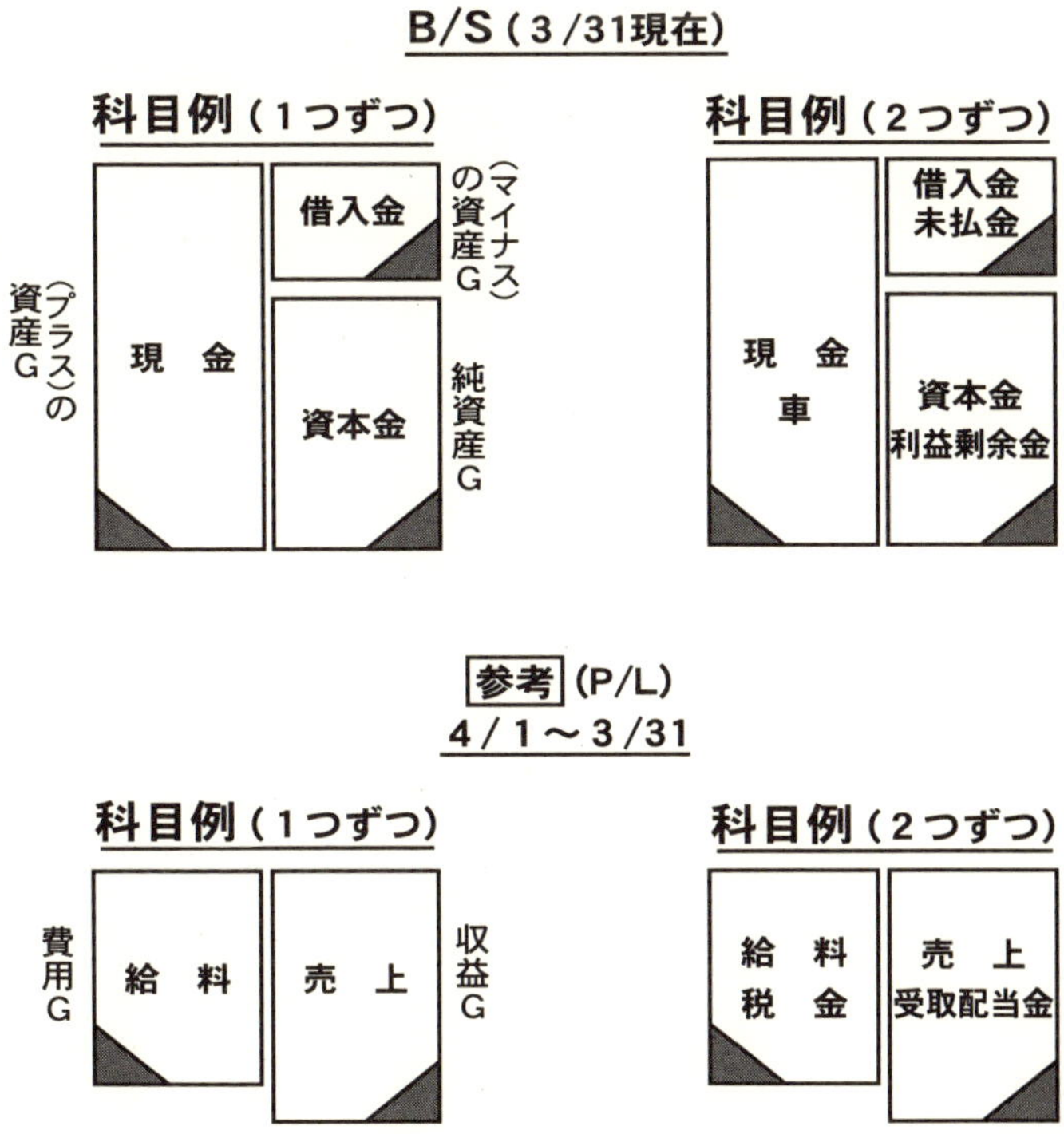

負債Gの科目は「借入金」と「未払金」、純資産Gの科目は「資本金」と「利益剰余金」です。

極端《きょくたん》に言えば、これだけ押さえておけば、バランス・シートの大枠をつかむことができます。ずらずらとたくさん科目が載っているから、なんだかよくわからないように思えるだけです。

参考までに、損益計算書なら、収入Gの科目代表は「売上《うりあげ》」（と「受取配当《うけとりはいとう》」）で、費用Gの科目の代表が「給料」（と「税金」）です。この二つは、実はバランス・シートの「純資産」の中にいったんは入っています（そこから取り出して損益計算書の「売上」と「費用」へ持っていき、その明細書としての損益計算書をつくるのです）。次項で、そのことをもう少し詳《くわ》しく見ていきましょう。

4 収入は純資産（利益剰余金）の増、費用は純資産（利益剰余金）の減、と考えるのが大本

◆純資産を「残増減残」でつかむ

二〇〇六年の五月以降、「株主資本等変動計算書」が第四の決算書として登場しました。「株主資本等」ということばは、なんだかむずかしそうですが、「純資産」のことです。プロローグでお話したように、純資産の九九パーセントは「株主資本」です。株主資本以外の一パーセント部分の「等」と、あわせて「株主資本＋等」＝「純資産」です。ですから、私は「純資産変動計算書」あるいは「純資産残増減残表」と呼んでいます。

簡単な例で考えてみましょう。

カネコ・コンサルタントという株主兼《けん》社長兼《けん》従業員が一人しかいない会社があって、最初、現金で三〇〇円あったとします。コンサルティングの仕事をして、一五〇円入ってきました。現金が四五〇円になります。入ってきた一五〇円は、「利益剰余金」が一五〇円増えたと考えます。

次に、給料を支払いました。給料五〇円を株主兼《けん》社長兼《けん》従業員に支払います。これは、

「利益剰余金」の減になります。

このとき金庫の中を見ると、現金が四〇〇円あり、これがバランス・シートに載ります。こうした動きをあらわした表が、次ページの純資産（株主資本等）変動計算書です。この表は、純資産の動き（残増減残《ざんぞうげんざん》）を示したもので、収入《しゅうにゅう》は利益剰余金の増《ぞう》となり、費《ひ》用《よう》は利益剰余金の減《げん》となります。このように純資産Gの利益剰余金には、当期純利益が自然と含まれているのです。

これを、利益剰余金の収入・費用の説明書である損益計算書で見ると、売上一五〇円、給料五〇円、利益一〇〇円となります。当期純利益は、バランス・シートと損益計算書に同時・同額が載り、損益計算書は利益剰余金の増・減が発生した原因を示す説明書となるのです。

損益計算書では、増（＋）には「収入の合計」が入り、減には「費用の合計」が入ります。これが、純資産の変動を考える際の大本《おおもと》になります。

実際に、株主資本等変動計算書をつくるときは、当期純利益（収入合計－費用合計）一〇〇円がネット（純増）で利益剰余金の増に入ります。減（－）には支払う配当金が記入されるのです。

株主資本等変動計算書

		資本金	資本剰余金	利益剰余金	自己株式(△)	株主資本計	評価換算差額	新株予約権	少数株主持分	等計	純資産合計
はじめの	残			300							
⊕	増			100 純利益							
⊖	減			30 配当							
終わりの	残			370							

この欄だけに注目！

①増の中には「グロスでは収入が入り
減の中にはグロスで費用が入る」ことが大本《おおもと》の考え。

②実際の方法はネットの純利益が増100入り、利益剰余金の処分30（配当）が減に入る(例)。

！

私の言葉では「純資産変動計算書」
または「純資産残増減残」です。

5 「株主資本等変動計算書」は純資産の「残増減残」

◆純資産の一年間の動き（残増減残）を示す

技術的に大事な点を、少し見ていきましょう。

私たちは日々、会社の中や外でいろいろな活動をしています。そうした活動を、金額の「はじめの残」「増」「減」「終わりの残」で捉えていくのが経理・財務の仕事です。

そして、この「増」「減」こそが、販売・製造・研究の人たち中心に進められる経営そのものなのです。

会社の活動は、すべて「残」「増」「減」「残」であらわせます。会社を起こしたときは、最初の残はゼロですが、経営を続けていけば必ず最初に「残」があります。今日の始まりには、同じ額の昨日の「残」があります。そして、「増」「減」のいろいろな経営の活動を行って最後に今日の終わりの「残」が残ります。

バランス・シートに載っている数字は、すべてある一瞬《いっしゅん》の会社の科目の終わりの「残」をあらわしています。そして、会計ではいつでも現金の増減を最初に頭に浮かべます。

バランス・シートは「科目」の終わりの残

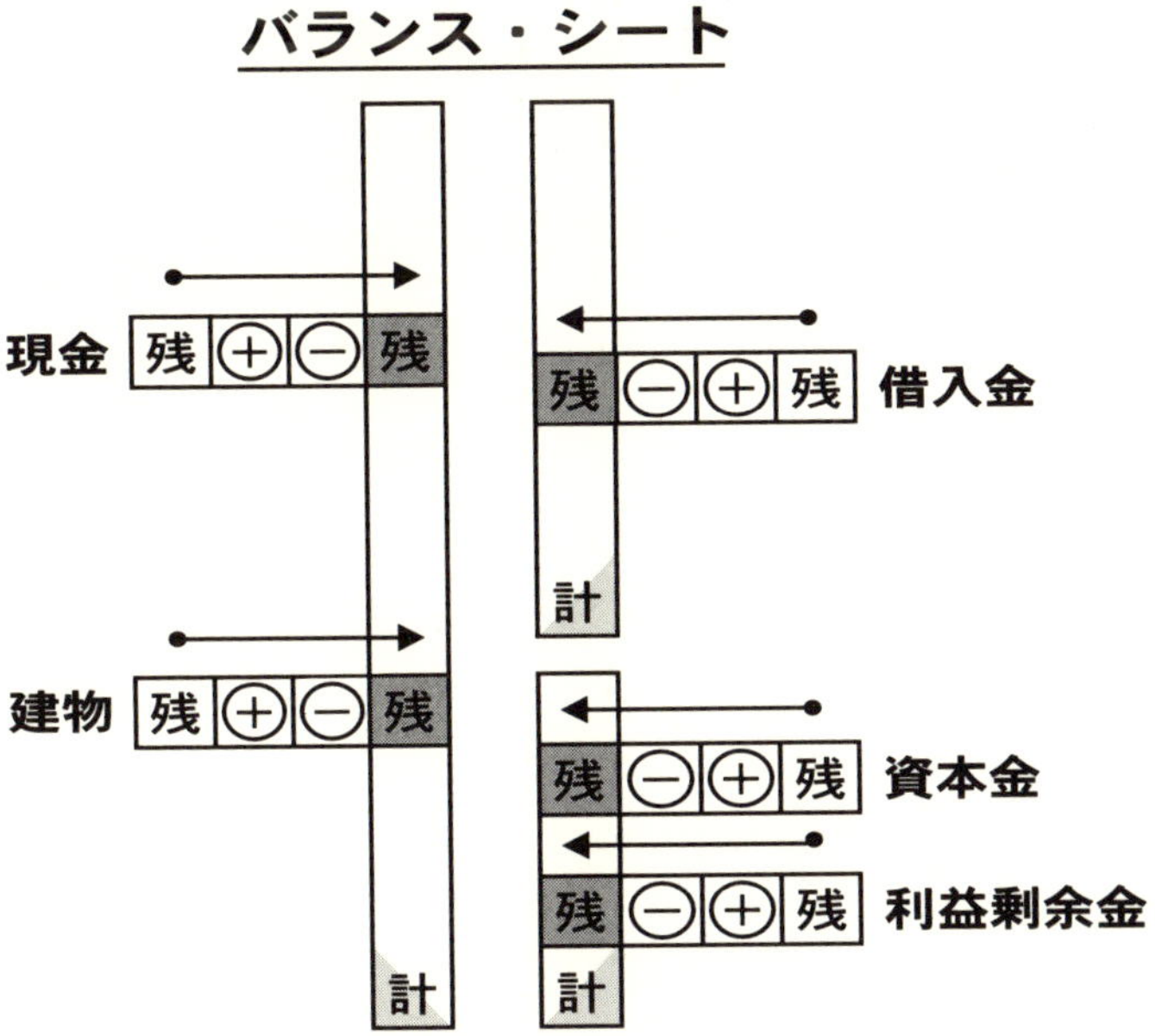

バランスとは残のこと！

たとえば、コンサルタントで売上が一〇〇円入ると、現金が一〇〇円入ってきます。売上（収入）が一〇〇円増え、現金が一〇〇円増えます。

銀行からお金を借りてきても現金が増えます。一〇〇円借りてくれれば、借入金が一〇〇円増え、現金が一〇〇円増えます。

どちらも、同じように現金が一〇〇円増えます。しかし、売上の一〇〇円は返さなくてもいいお金ですが、借入金の一〇〇円は返さなければなりません。だから、借入金の一〇〇円はマイナスの資産、つまり「負債」の増になります。

資本金は当面返さなくてもいいお金ですから、「純資産」に入れます。自己株式を買うと、資本金を返すことになりますから「純資産」の減となります。

次にお金が出ていくほうを考えます。出張旅費《しゅっちょうりょひ》一〇円を会社からもらいました。これは、貰いっぱなしで会社に返すことはありません。貰いっぱなし（会社にとっては払いっぱなし）のお金は費用ですから、「費用」が一〇円増となります。

誰かにお金を貸したときはどうでしょうか。貸したお金は現金として戻ってきます。今のお金をもらえる権利《けんり》ですから、「資産」の増になります。

前に借りていたお金を返すと、現金が出ていきます。借りていたお金が減ったわけですから、「負債」の減となります。

そして、前に述べたように「収益」と「費用」は、損益計算書に入るだけでなく、純資産の利益剰余金に、同時に同額が入ってきます。

ただし、収益や費用は日々たくさん発生するので、これをバランス・シート（の純資産G の利益剰余金という科目の増・減）にすべて入れていると大量になり大変です。そこで、利益剰余金の説明書として損益計算書があるのです。

もっと言えば、バランス・シートの純資産がわかれば、損益計算書は不要となるかもしれません。実際、欧米ではそうした傾向が出てきています。

このように、バランス・シートを見るとき、そこに載っている科目の終わりの「残」だけを見るのではなく、その科目の増・減を頭の中で想像しながら見ていくことが大事です。

そして、純資産の残増減残を示したものが、「株主資本等変動計算書」です。

初めに前期末の残があります。配当してお金を支払えば株主資本（利益剰余金）の減になります。新株を発行すれば株主資本（資本金）の増です。当期純利益は株主資本（利益剰余金）の増、赤字になれば株主資本（利益剰余金）の減です。そして自己株式は株主資本（自己株式）の減となります。

このように、純資産の一年間の残増減残の内訳を説明したものが、「株主資本等変動計算書」（Statement of Changes in Shareholders' Equity＝S／S）です。

6 純資産の簿価と時価

◆市場株価と純資産簿価は一致しない

プロローグでお話しした、「純資産は芸術のごとく爆発《ばくはつ》する！」の図（11ページ）を思い出してください。簿価六〇円の純資産が、資産を時価で評価すると八〇円になり、さらに見えない資産を加味して一二〇円になり、市場で人気が加わって二一〇円になりました。

ここでは、純資産の簿価と時価総額について考えてみましょう。

資本金が一〇円で利益剰余金が六円の会社があったとします。この会社の純資産（簿価）は、一六円（一〇円＋六円）です。発行済《はっこうずみ》株式数が八株あったとすると、一株当たりの純資産は、一六÷八＝二円です。

この株は株式市場に上場されていて、株価が三円だったとします。市場の株価（三円）と純資産の簿価（二円）には、一円の開きがあります。この差が人気などです。

一円押し上げている人気などの内訳（根拠《こんきょ》）には、いろいろあります。

まず、現在・将来の技術力があります（この「将来」というところが、大事なのです）。

「純資産の簿価と時価」の具体例

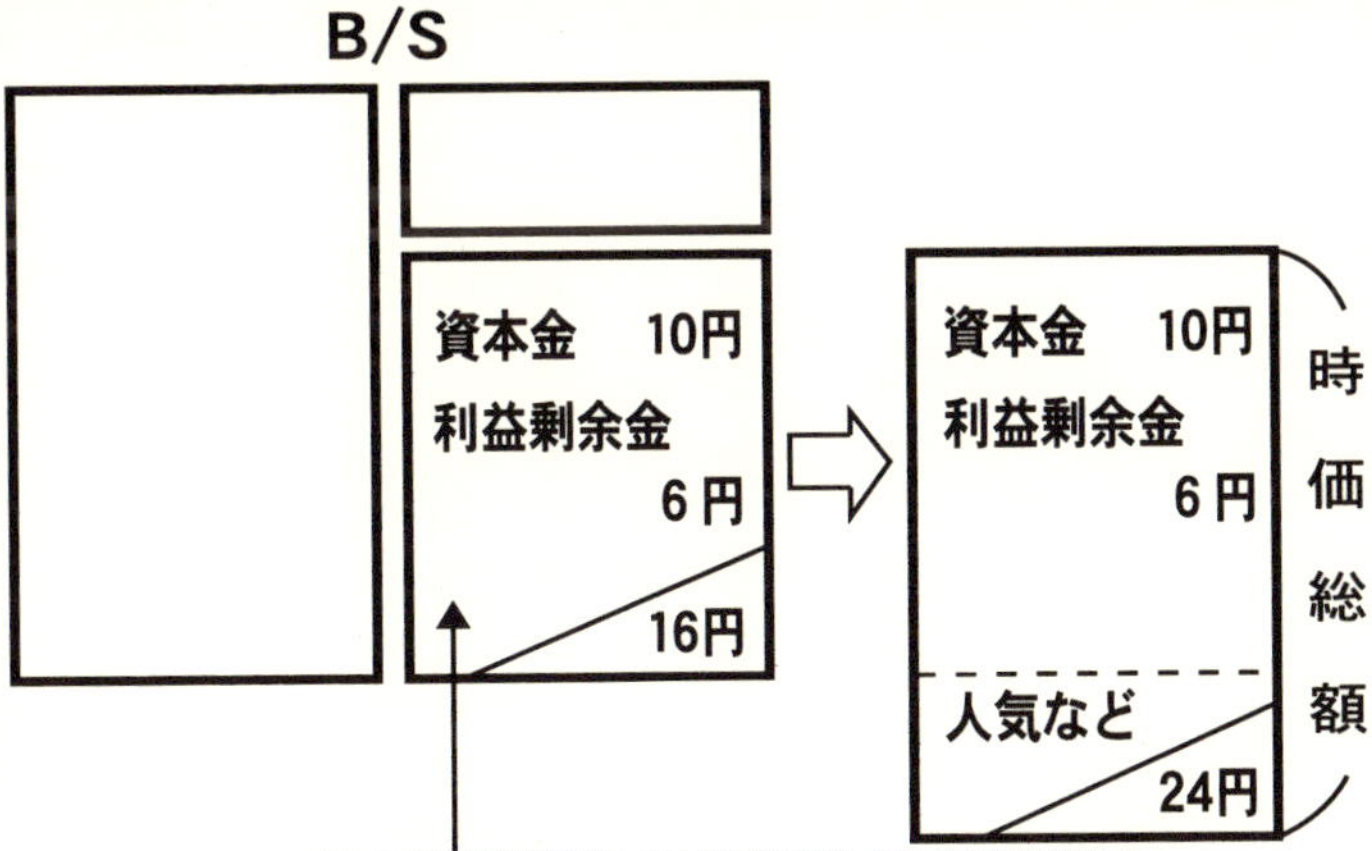

○発行株式数　8株
○純資産（帳簿価額）　16円
○１株当たり純資産＝$\frac{16}{8}$＝2円
○この株が株式市場で
　３円/１株であった場合
　３円－２円＝１円が人気などである。
○人気の内訳・根拠は現在・将来の、
　1．技術力
　2．販売・製造・研究の力
　3．需要家の質
　4．経営者の力
　5．従業員の力
　6．利益力・成長力・安全力
○株式の時価総額24円（＝3円/株×8株）

さらに、販売・製造・研究の力があります。最近ではM&Aをする実力もあります。いい需要家《じゅようか》をもっているか、いい経営者がいるか、いい社長がいるか、従業員がすばらしいか、利益を上げる製品をもっているか、成長する製品をもっているか、財産の保全を大事にするか……。

それらを鑑《かんが》みて、人気が決まります。

市場で一株三円となると、時価総額は三円×八株＝二四円です。

つまり簿価一六円の純資産が、株式市場では二四円の価値で売り買いされるのです。この差額八円の中に人気など、すなわち、「知的《ちてき》資産」とか「知的財産」とか「見えない資産」とか「のれん」とか「人気」といったいろいろな呼び方をされているものがすべて入っているのです。

コラム

バランス・シートも損益計算書も、「科目の四マス」の「終わりの残」

ここで、会社の活動がどのように数字に反映されるかについて、説明します。

会社の活動（＝経営）は、科目の数字の「残増減残」（金児昭の商標登録《しょうひょうとうろく》第４８１８３８９号）であらわせます。そして、この「残増減残」の動きを「科目の四マス」（金児昭の商標登録第４８９２７０７号）であらわせます。

簡単な例で考えてみましょう。次ページの表を見てください。

会社を資本金一〇円でつくりました（資本金「純資産G」）。株主から現金一〇円が入ってきます。【資本金の増、現金の増】

それだけではお金が足りないかもしれないので、銀行から二〇円借りました（借入金「負債G」）。銀行から現金二〇円が入ってきます。【借入金の増、現金の増】

売上が一七円ありました（売上「収益《しゅうえき》G」）。売上一七円が現金で入金されました。【売上の増、現金の増】

株主兼社長兼従業員に給料を七円払いました（給料「費用G」）。現金が七円出ていきます。【費用の増、現金の減】

【ケース】ジャパン・コンサルタント株式会社を、2007年4月に、株主兼社長兼従業員1人で設立し、元手（資本金）10円で事業を始めた。

以下、４月分の仕分けをして、バランスシート(B／S=Balance Sheet)とインカムステートメント(I／S=Income Statement)を作成。

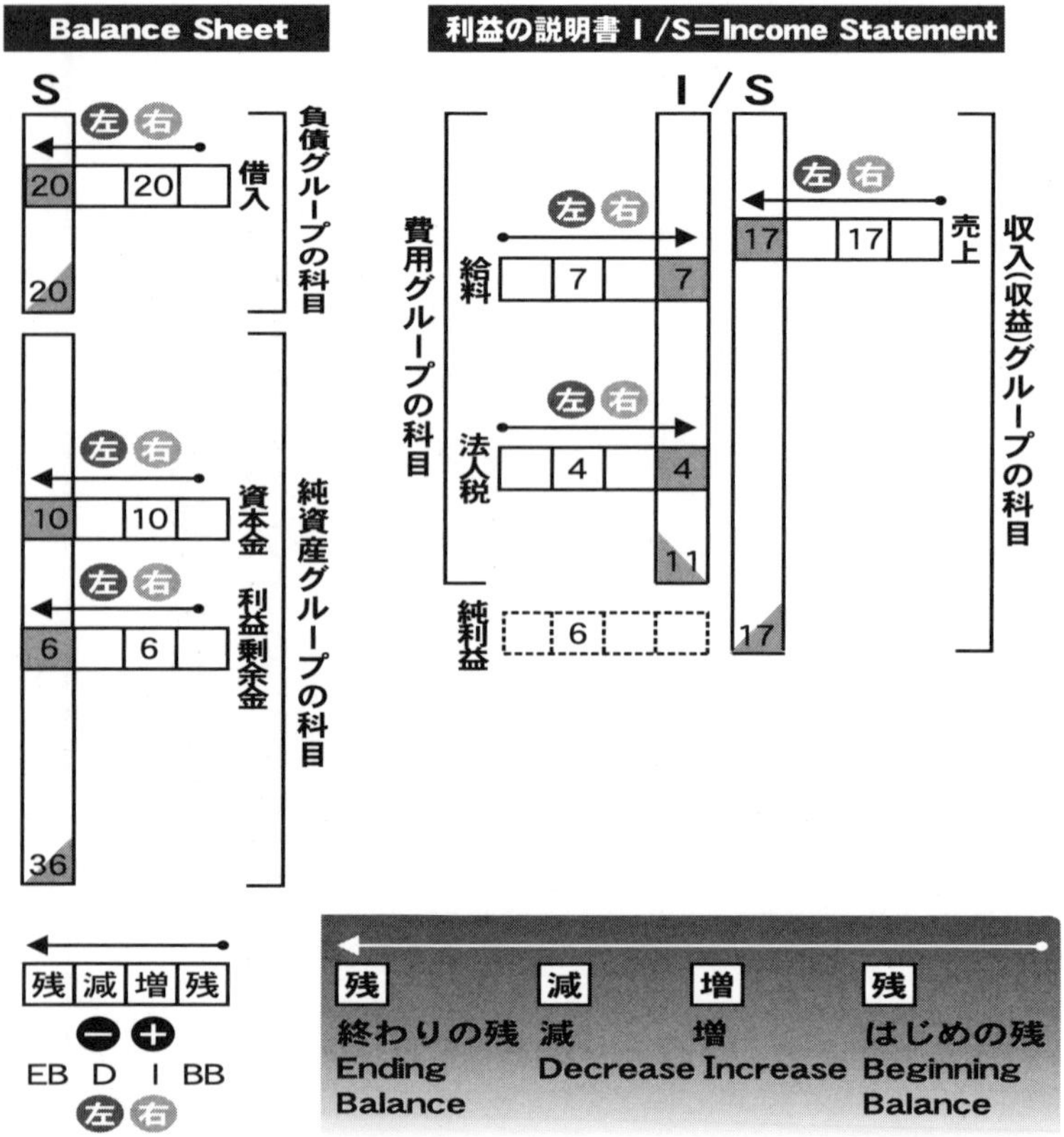

ブキ力をマスターするための仕訳の例

仕訳とは、取引(transaction)を２つの科目（account）に分け、仕分け帳（journal）の、左（L＝Left）と右（R＝Right）に同金額を「double entry《複式記入》」法で仕分ける（journal entry）こと。

仕分け(仕訳)－❶～❼

残の表Ｂ／Ｓ＝

（単位：円）

❶
4月1日　左 現金 10　右 資本金 10
元手(資本金)として現金10を入金

❷
4月10日　左 現金 20　右 借入 20
銀行から20の借金をし、現金で入金

❸
4月25日　左 現金 17　右 コンサルタント収入＝売り上げ 17
コンサルタント料17を現金で入金

❹
4月26日　左 給料 7　右 現金 7
給料を７現金で支払った

❺
4月30日　左 法人税 4　右 現金 4
法人税を４現金で支払った

❻
4月30日　左 建物 9　右 現金 9
小さな建物を９で買入れ現金で支払った

❼
4月30日　左 貸付 3　右 現金 3
知り合いに現金を３貸し付けた

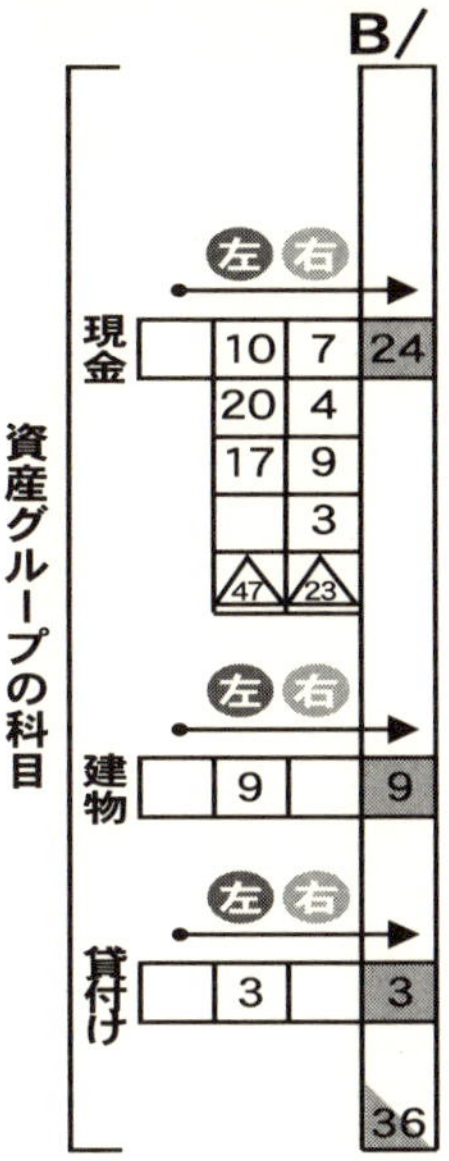

残	増	減	残
はじめの残	増	減	終わりの残
Beginning Balance	Increase	Decrease	Ending Balance

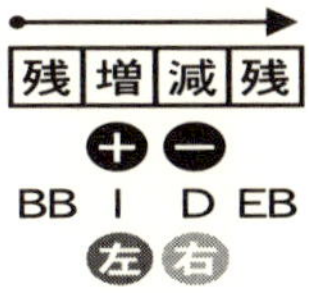

売上一七円から給料七円を差し引いた、税引き前利益一〇円にかかる法人税四円（税率四割）（税金「費用G」）を、税務署《ぜいむしょ》に現金で支払いました。【費用の増、現金の減】

小さな建物を九円で買いました。これを現金で支払いました。【建物の増、現金の減】

ある会社からどうしてもお金を貸して欲しいと言われ、貸すことにしました（貸付金「資産G」）。現金で三円貸しました。【貸付金の増、現金の減】

こうした動きを、それぞれ四つのマス（「科目《かもく》の四《よん》マス」に入れたものが、前のページの表です。左側は左から「残増減残」の順序でマスが並び、右側は右から四マスが並んでいます。それぞれ終わりの残がバランス・シートや損益計算書に載る数字です。

まず左側から見ていきます。現金の増は四七円（一〇円＋二〇円＋一七円）、現金の減は二三円（七円＋四円＋九円＋三円）で、現金の残高は二四円です。建物の残高は九円、貸付金の残高は三円です。次に右側を見てください。借入金の残高は二〇円です。資本金の残高は一〇円、利益剰余金が六円でこれは損益計算書と一致します。

このように「残増減残」と「科目《かもく》の四《よん》マス」で見ていく「ブキ（簿記）力」（BOOk－Keeping＝Bu－Kiの力（＝決算書－経営））で、会社の活動がハッキリわかります。

なお、次頁の商標登録「残増減残」「科目の四マス」は、ぜひ皆さんに無償で使っていただきたいのです。

商標登録証
(CERTIFICATE OF TRADEMARK REGISTRATION)

登録第４８１８３８９号
(REGISTRATION NUMBER)

商標(THE MARK)

残増減残

指定商品又は指定役務並びに商品及び役務の区分(LIST OF GOODS AND SERVICES)

第　９類　　記録済みＣＤ－ＲＯＭ，電子計算機用プログラム

第１６類　　雑誌，書籍，ムック

商標権者(OWNER OF THE TRADEMARK RIGHT)

埼玉県所沢市小手指町３丁目２５番地の２

金児　昭

出願番号(APPLICATION NUMBER)　　商願２００４－０３９６８４

出願年月日(FILING DATE)　　平成１６年　４月１４日(April 14,2004)

この商標は、登録するものと確定し、商標原簿に登録されたことを証する。
(THIS IS TO CERTIFY THAT THE TRADEMARK IS REGISTERED ON THE REGISTER OF THE JAPAN PATENT OFFICE.)

平成１６年１１月１９日(November 19,2004)

特許庁長官(COMMISSIONER, JAPAN PATENT OFFICE)

小川　洋

特許庁長官印

商 標 登 録 証
(CERTIFICATE OF TRADEMARK REGISTRATION)

登録第４８９２７０７号
(REGISTRATION NUMBER)

商標(THE MARK)

科目の四マス

指定商品又は指定役務並びに商品及び役務の区分(LIST OF GOODS AND SERVICES)

第 ９類　記録済みＣＤ－ＲＯＭ，電子計算機用プログラム

第１６類　雑誌，書籍，ムック

商標権者(OWNER OF THE TRADEMARK RIGHT)

埼玉県所沢市小手指町３丁目２５番地の２

金児　昭

出願番号(APPLICATION NUMBER)　商願２００４－１１６１７５

出願年月日(FILING DATE)　平成１６年１２月　８日(December 8, 2004)

この商標は、登録するものと確定し、商標原簿に登録されたことを証する。
(THIS IS TO CERTIFY THAT THE TRADEMARK IS REGISTERED ON THE REGISTER OF THE JAPAN PATENT OFFICE.)

平成１７年　９月　９日(September 9, 2005)

特 許 庁 長 官(COMMISSIONER, JAPAN PATENT OFFICE)

中嶋　誠

第二章　経営の九九・九％は
「決算書」を大事にすること

1 三つの決算書とプラス1《ワン》の純資産変動表

◆純資産が「決算書」を見つめている

これまでもお話ししてきたとおり、決算書には、「バランス・シート（貸借対照表）」「損益計算書（インカム・ステイトメントまたはプロフィット・アンド・ロス・ステイトメント）」「キャッシュフロー計算書」の三つがあります。バランス・シートは会社の財産の状況をあらわす表、損益計算書は利益の内訳書、キャッシュフロー計算書はお金（現金）の残増減残を示したものです。

バランス・シートは、たとえば十二月三十一日の二四時〇〇分という瞬間にある会社の財産の「残」（バランス）をあらわしています。とにかく瞬間的に、「残」がバタッとあるわけです。だからシートです。損益計算書は、通常P／L（プロフィット・アンド・ロス・ステイトメント）と略されることが多いのですが、私はインカム・ステイトメント（I／S）を使っています。最近は、英語でもインカム・ステイトメントを使うことが多くなっています。

B／S・I／S・C／Fと純資産

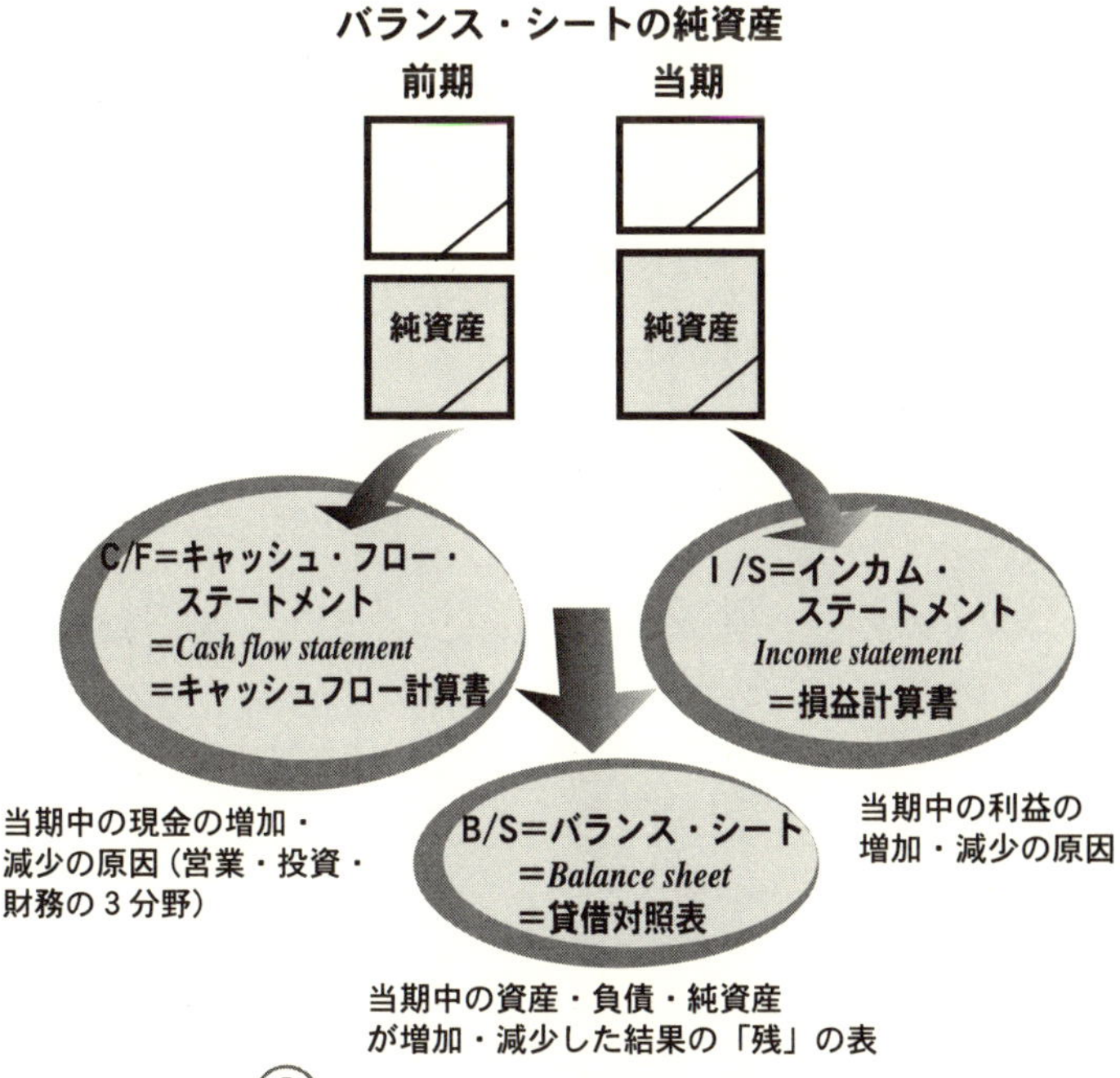

三つの決算書を純資産が見つめている。

この三つにプラス1《ワン》として、純資産の増減の原因を示す純資産変動表、すなわち「株主資本等変動計算書」が登場したのは、前にお話したとおりです。

「純資産」はバランス・シートの中の一つの「科目グループ」ですが、経営実務を実行していると、「純資産が三つの決算書を見つめている」という感じがあります。

純資産を正確に、迅速《じんそく》に、誠実《せいじつ》に膨《ふく》らませていくための、手立《てだ》てを考え実行していくこと。それが、まさに経営そのものです。

前期よりも当期の純資産をいかにして大きくしていくか。それをサポートするのが、三つの決算書なのです。

損益計算書は、当期中の利益増加の原因を示します。「利益」は純資産を大きくする最大の要素であり、損益計算書は利益剰余金の「収入」と「費用」の明細書です。

キャッシュフロー計算書は、当期中の現金増加の原因を示します。純資産がどれだけ効率よく使われてキャッシュを生み出しているかを考えます。

そして、バランス・シートは、会社の資産、負債、純資産科目の「残」の状況を示します。

純資産は生き物のようなものです。毎日、毎時、毎秒、大きくなったり小さくなったりしています。三つの決算書は、そうした動態的《どうたいてき》につねに変わり続ける「王様である純資産」をいろいろな面からサポートして、実態を見えやすくしている家来《けらい》のようなものなのです。

2 株主総会第一号議案は「利益剰余金の処分」

◆「純利益の処分」から「利益剰余金の処分」へ

当期利益から配当を行っていた時代は、株主《かぶぬし》への配当の額は、決算報告書として「利益処分案」を作成して株主総会で承認《しょうにん》を受けていました。利益剰余金から配当を行うようになって、「利益処分案」は廃止されました。

しかし、配当に株主総会の承認が必要なことに変わりはありません。

今後、ほとんどの会社の株主総会の第一号議案《ぎあん》は、「利益剰余金の処分（配分）」になります。

もちろん、そのほかに会社として大事なことがあればそれを第一号議案にしてもかまいません。たとえば、役員人事《やくいんじんじ》が非常に大事であれば役員人事を第一号議案としてもってきてもいいのです。

けれど、多くの会社では、第一号議案は「利益剰余金の処分」または「利益剰余金の配分」です。

次ページの具体例を見てください。

二〇〇六年五月決算のある会社が、株主総会で示した第一号議案「利益剰余金の処分」です。

書き出しに、「当社は、自己資本の充実と……」とあります。もうおわかりだと思いますが、自己資本とは純資産のことです。

2の「期末配当に関する事項」に、株主への配当金額が載っています。

この会社は、「当社普通株式一株につき金一七円、総額五億六九三〇万七七七円」を配当する、としています。このとき、必ず最後の円単位《えんたんい》まで必要です。株主は神様ですから、一〇〇万円単位で丸めてしまうようなことは、絶対にしてはなりません。

そして、八月三十一日に効力が発生します。

この会社は五月決算の会社ですが、おそらく八月三十日頃に株主総会が開かれたのだと思います。「三十一日から効力が発します。この額を支払います」ということです。

この日に（二〇〇六年八月末に）、日本の会社法に基《もと》づいて、初めて剰余金の処分（配分）が議案にかかりました。

ここには、純資産の中の利益剰余金を使って配当することが、はっきりと出ています。

株主総会の第１号議案

第１号議案　剰余金の処分の件［例］

当社は、自己資本の充実と株主の皆様への利益配分をともに経営の最重要課題と位置付けており、経営基盤強化のために必要な内部留保を確保しつつ、継続的な安定配当を実現していくことを基本方針としております。

このような方針の下、当期の期末配当につきましては、次のとおりとさせていただきたいと存じます。

1　剰余金の処分に関する事項

（１）減少する剰余金の項目およびその額
繰越利益剰余金　300,000,000円

（２）増加する剰余金の項目およびその額
別途積立金　300,000,000円

2　期末配当に関する事項

（１）株主に対する配当財産の割当てに関する事項およびその総額
当社普通株式１株につき金17円
総額569,300,777円

（２）剰余金の配当が効力を生じる日
2006年８月31日

3 資産の売買は簿価ではできない

◆純資産をできるだけ大きくしたい！

一〇円で買ったものを一〇円で売ったのでは、儲けはゼロです。買ったものは、できるだけ高く売ろうとします。そして借《か》りるものは、必ず返すのですから、借りる前から借りる金額をできるだけ少なくしようとします。それが資本主義の根本です。

ときには、一〇円で買ったものを、一〇〇円で売りたい。お店や会社が、そう考え行動するのを、経済学者アダム・スミスは「神の見えざる手が、多めに欲《ほ》しいという欲望《よくぼう》を動かしている」と言っています。いま考えてみれば、当たり前の話です。

バランス・シートには、買った値段・借りた金額が載っています。買ったものを高く売ると資産が大きくなります。借りたものをなるべく早く返すと負債が少なくなります。いずれも純資産が大きくなります。このような純資産をできるだけ大きくするような行動を、人間は欲望《よくぼう》と相談しながらとっていきます。

そこにルール（法律《ほうりつ》）があって、自己を規律《きりつ》しています。法律とは、そうしたものです。

純資産をできるだけ大きく！

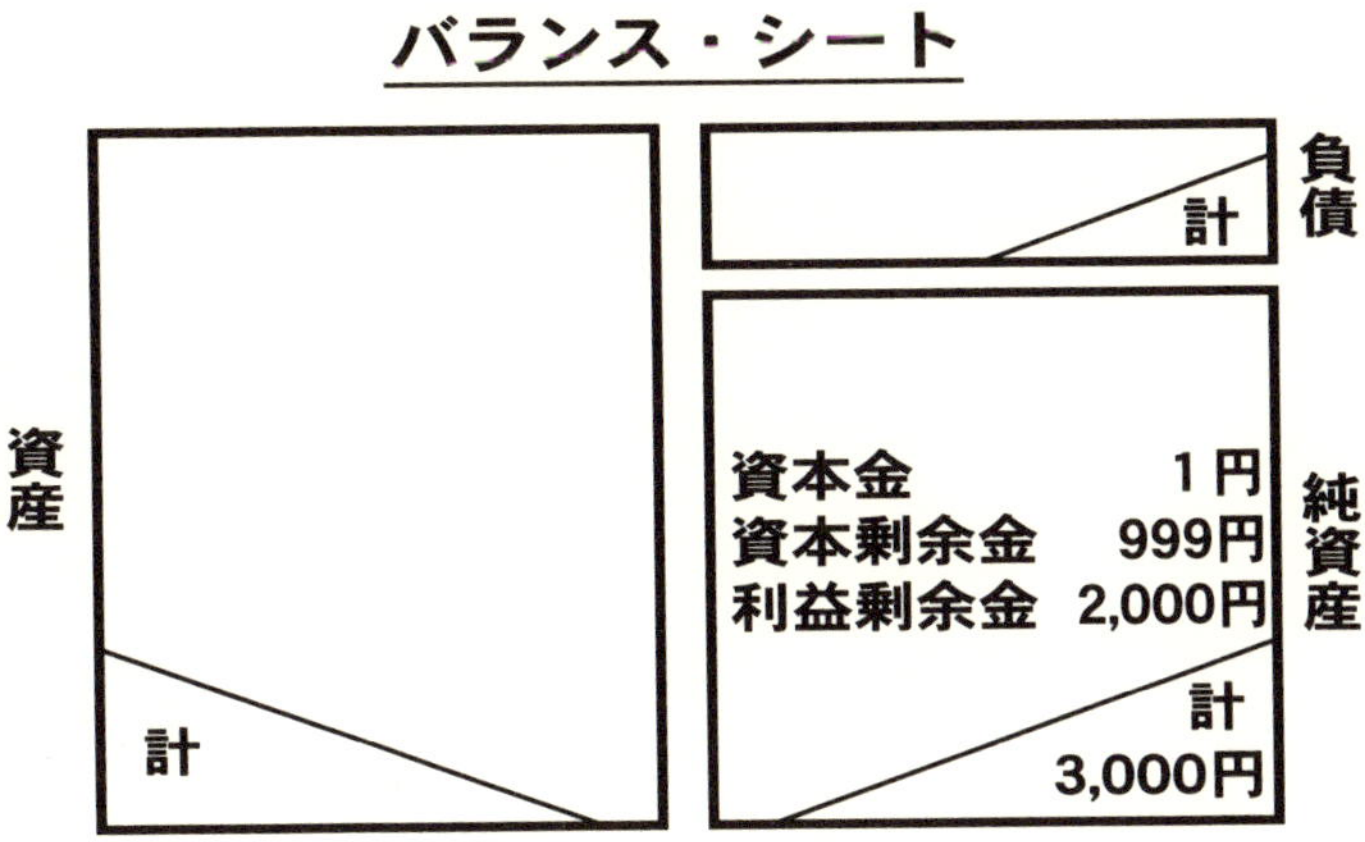

資本剰余金（払込剰余金）

増資、資産再評価による評価益など、資本取引から発生した余剰金で、資本準備金とその他の資本剰余金とに分けられる。

◆利益と資本金（元手）を区別する

たとえば、一坪一万円で買った土地があるとします。土地は減価償却《げんかしょうきゃく》しませんから、ずーっと坪一万円でバランス・シートに載っています。五〇年前に買った土地でも、今買った土地でも、同じように買った値段で載っています。

ところが、坪一万円で買った土地が五〇年経ったら坪一〇万円になってしまうこともあります。そのままでは、適正な評価にならないので、一〇万円に計算し直そうという動きが起ります。これを資産の再評価《さいひょうか》と言います(法律でしてよいと決めたときだけ行います)。もしも再評価した一〇万円をバランス・シートに入れると、九万円（一〇万円－一万円）の利益が出て税金を支払わなければなりません。

当期の利益に入れてしまうのはおかしいので、再評価して増えた分九万円は、損益計算書には入れないで直接バランス・シートの純資産の中に入れます（これを直入《ちょくにゅう》と言います)。こうして、土地という資産が大きくなって、その分、純資産が大きくなります。

では、純資産のどこに入れるのでしょうか。もちろん利益ではありません。利益剰余金でもないし資本金でもないけれども、どちらかというと資本金に近いものです。

そこで、「資本剰余金」という枠をつくって、その中に入れます。この中には、前にお話した追加払込《ついかはらいこみ》資本なども入ってきます。

会社で時価発行増資などして入ってきたお金は、「資本金」です。ところが、その半分以内なら資本剰余金に入れていいという制度もあります。資本金と資本剰余金は親戚《しんせき》のようなもので、私などは「資本（元手）」というと、「資本金」と「資本剰余金」が頭の中に一緒に浮かびます。

一方、利益剰余金はまったくの「利益」です。利益と資本は、はっきりと区別する必要があります。企業会計原則《きぎょうかいけいげんそく》の中には、「資本（元手）と利益の峻別《しゅんべつ》」ということばがあります。この峻別が問題となった例が、ライブドアです。

株主に「お願いします。増資するので払い込んでください」と言って、入ってきたお金を損益計算書に載せて「儲かった」としたのです。そんな利益でも税金を払いますし、配当もできます。だから株が上がるのです。

この一件は、「資本と利益の峻別《しゅんべつ》」の大切さを示しました。

4 決算書がよくなければ「ブランド」は全く意味がない！

◆正しく透明な「決算書」が大前提

会社の「ブランド」や「のれん」、「知的資産」「見えない資産」さらに「人気」までも会社の中では、非常に大事だと主張する人たちがいます。確かにこれらは、大事なものです。しかし、だからと言って絶対に「決算書」をないがしろにしてはなりません。

経営の九九・九％は、決算書を大事にすることにあります。残りの〇・一％が知的資産などの問題です。

どんなにブランド力を誇っている会社でも、決算書が悪くて、赤字を出すようになると一転して株価が急落《きゅうらく》したりします。一時のソニーなどは、その好例《こうれい》でした。

また、決算書を大事にしていなければ、会社の誠実性、信頼性が大きく損なわれます。カネボウ・日興コーディアル証券・三洋電機は、決算書を正しくつくっていなかったことで問題になりました。上場している会社の決算書は、投資家の投資判断の元にもなります。

決算書さえ正しくつくっていれば何の問題もなかったのに、その一番大事な基本を怠ってしまい大きな問題になりました。決算書が正しくない会社は、上場の資格が問《と》われます。決算書を大事にすることなく、ブランド力や企業価値をいくら強調してもそれは文字どおり砂上《さじょう》の楼閣《ろうかく》以外の何物《なにもの》でもありません。

今、二十一世紀はM&Aで「純資産の時価」や「見えない資産」に対する注目が高まり、経営に占《し》める重要性の比重も高くなっています。

ただし、これは決算書が透明《とうめい》で正しいということが大前提です。アメリカで起ったエンロンやワールドコムの例を見てもわかります。

決算書に載っている数字は、すべて過去の数字です。過去のものについて、正しい決算書をきちっとつくって正しくディスクロージャー（開示《かいじ》）すれば、それで終わりです。会計士会計学があるのは、正しくディスクロージャーすることがなかなかむずかしいからです。過去のデータを正確にディスクロージャーするのが制度《せいど》会計です。

ところが、実際の経営とは、現在および将来に向けて考え実行していくことです。正しい決算書の上に、いかにして「知」を守り、稼ぎ、的確《てきかく》に捨《す》てる経営を実行していくか。それが、問《と》われているのです。これが経営会計です。

コラム

「株主資本等変動計算書」を分解する

◆配当は純資産（利益剰余金）の減

配当は決算書のどこに出てくるのでしょうか。

これが出てくるのが、先にご紹介した「株主資本等《とう》（純資産）変動計算書」です。次ページの「株主資本等変動計算書」を見てください。

株主資本の「利益剰余金」という項目の中に、「剰余金の配当」とあります。ここに記されている▲一〇〇が、当期中に支払われた配当の金額です。配当は、純資産（利益剰余金）の減になります。利益一、〇〇〇で一〇〇配当していますから、当期の配当性向は一〇％です。当期分の配当が前期と同額とすると、株主資本配当率は三・四％（一〇〇÷二、九〇〇）となります。

同じように、「株主資本等変動計算書」の項目を見ていくと、純資産の増減《ぞうげん》がどのようなときに起るのかが、よくわかります。

純資産（株主資本等）変動計算書のイメージ

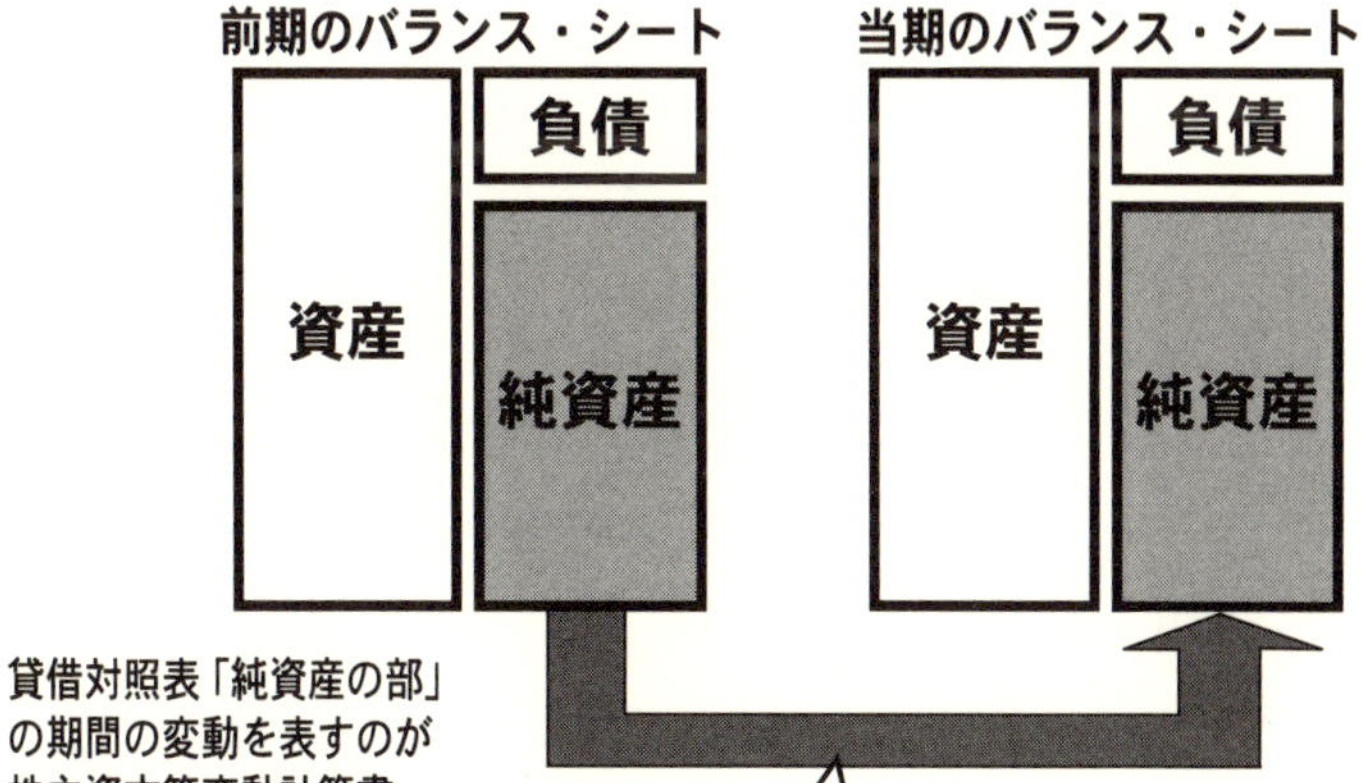

株主資本等変動計算書

自×１年４月１日
至×２年３月31日

		株主資本等（その他）								
		資本金	資本剰余金	利益剰余金	自己株式	株主資本合計	評価換算差額	新株予約権	少数株主持分	純資産合計
前期末残高		1,000	500	500	▲100	1,900	1,000	1,000	100	4,000
当期変動額	新株の発行					0				0
	剰余金の配当			▲100		▲100				▲100
	当期純利益			1,000		1,000				1,000
	自己株式の取得				▲150	▲150				▲150
	自己株式の処分				250	250				250
	株主資本以外の変動額						500		200	700
当期末残高		1,000	500	1,400	0	2,900	1,500	1,000	300	5,700

◆株主資本が増えるとき、減るとき

当期純利益は純資産の増です。赤字であれば、純資産は減ります。本来は、元手（資本金など）の増加である当期純利益に、損益計算書での説明事項である売上と費用が含まれるというのは、58ページでお話したとおりです。ですから、売上は純資産（利益剰余金）の増、費用は純資産（利益剰余金）の減です。

増資をすれば「新株《しんかぶ》の発行」となり、純資産（資本金）が増えます。

自己株式を取得《しゅとく》すれば純資産は減り、再度売って処分すると純資産は増えます。

なお、これから六ページほどは、少し「ややこしい」ので、サッと読んで深入りしないでください。「こんなこともあるんだな」と感じていただくだけで、満足してください。

◆その他（等）の増減も知っておこう

株主資本以外の「等」に当たる部分に、「評価換算差額《ひょうかかんさんさがく》」「新株予約権《しんかぶよやくけん》」「少数株主持分《しょうすうかぶぬしもちぶん》」とあります。これらの科目の増減についても、それぞれサッと見ておきましょう。

▼評価・換算差額

「評価・換算差額」はプロローグでも説明した「株式評価差額」（正式には「その他有価証券評価差額金」）や「為替換算差額」（正式には「為替換算調整勘定」）です。

たとえ売買《ばいばい》しなくても、長期《ちょうき》保有《ほゆう》目的の株の時価が簿価よりも上がっていれば純資産が増え、下がっていれば純資産が減ります。その増減を「株式評価差額」で示します。

海外にある子会社を連結決算するとき出る為替の換算差額は、円高になると純資産は小さくなり、円安になると純資産は大きくなります。その増減を示すのが「為替換算差額」です。

▼新株予約権

「新株予約権」とは、「将来、会社の株を渡しますよ」と約束（予約）したときに出てくる項目です。これまでのバランス・シートの純資産グループにはなかった、新しい項目ですのでチョット説明しておきましょう。

かつての「転換社債《てんかんしゃさい》」（将来、株に転換できる社債）やかつての「ワラント債」（株を買える権利がついた社債）は、いずれも発行した時点では社債ですが、「ある時点で株に変えられる権利」がついていました。その権利の部分が「新株予約権」です。

かつての「転換社債」は一枚の紙で、ある条件の下でまるごと株に変わります。かつての「ワラント債」は、社債部分と株を買える権利（ワラント）の部分がミシン目で分かれていました。切り離して使えるようになっていて、社債部分とワラント部分それぞれに値段がついていました。

かつての転換社債やワラント債は、普通の社債と同じように「負債グループ」に記《き》載《さい》されていましたが、今は、社債部分と新株予約権部分を区分して記載します。「社債」部分は負債グループに、「新株予約権」部分は「純資産グループ」に入ります。なお、①社債と新株予約権それぞれの払込《はらいこみ》金額を合算して「負債グループ」に入れる方法と、②社債部分と新株予約権部分を「純資産グループ」に入れる方法との、いずれかを選択することができます。

権利が行使《こうし》されると、新株予約権は株式になります。そのとき、新株を発行（増資）する場合は、社債部分と新株予約権部分（発行および行使）の払込金額の合計額が、株式（「資本金」あるいは「資本準備金」）に振り替わります。社債部分が株式になった部分は、負債が減って、純資産が増えます。

また、二〇〇二年以降、単独で発行できることとなった「新株予約権」については、これまで「負債グループ」に入っていましたが、今後は「純資産グループ」に入ります。

最近、よく聞く「ストック・オプション」は、役員や従業員に対して、将来、株を手に入れる権利を与えるものです。これは、新株予約権そのものです。

たとえば、「ある時点で会社の株、一〇株を一、〇〇〇円で買う権利を役員や従業員にあげていい」ということが株主総会で決まったとします。会社はその分の株を市場から買って自己株式においておきます。新株予約権をもらった人は、権利を行使できる期限内《きげんない》であれば、市場の株価に関係なく、一〇株を一、〇〇〇円で会社から株を受け取ります。市場で一〇株一、五〇〇円に株価が上がっていれば、市場で株を売れば五〇〇円儲けることができます。

会社から一、〇〇〇円で手に入れた株を個人がいくらで売っていくら儲《もう》けたかは、会社はあずかり知らぬところです。しかし、アメリカでは、ストック・オプションを役員や従業員への報酬《ほうしゅう》や給料代わりにして、経費《けいひ》を減らして利益を出したと問題になった会社もあります。個人が得た利益を給料・報酬へ入れる、という動きが出てきています。

そうした状況も、「株主資本等変動計算書」の「新株予約権」の動きを見れば、つかむことができます。

新株予約権を発行すれば、純資産が増えます。権利が行使されて、株に変わって自己株式を渡せば、新株予約権が減ると同時に自己株式（マイナス表示）が減りますから、純資産に変動はありません。

▼少数株主持分

「少数株主持分」は、連結した子会社の純資産のうちの少数株主の持分、つまり親会社に属さない部分です。たとえば、親会社の持分が八〇％の子会社であれば、残り二〇％分の額が少数株主持分として表示されます。

これまで、少数株主持分は、バランス・シートの「負債」と「資本」の間に、別枠表示《べつわくひょうじ》されていましたが、会社法では純資産の部で表示されることになりました。少数株主持分が増えれば純資産も増え、減れば純資産も減ります。

これまで五ページほどで述べた株主資本以外の部分も、しょっちゅう増えたり、減ったりしています。しかし、この部分が増えたとしても、経営的にあまり意味はありません。今日一二〇円だった株が、明日は八〇円になってしまうかもしれませんし、それほど頻繁《ひんぱん》に売買するわけでもありません。

大事なことは、やはり当期純利益を増やしながら、純資産と優良な資産を大きくしていくことなのです。

なお、「少数株主持分」と「為替換算差額」は、連結特有の項目で、連結決算を行っている会社の「連結《れんけつ》バランス・シート」「連結株主資本等変動計算書」にだけ出てきます。個別《こべつ》の決算書には登場しないことを、知っておいてください。

第三章　Ｍ＆Ａは純資産から始まる

1 M&Aは純資産の売買である

◆純資産は売買価額の元の元

M&A（合併《がっぺい》・買収《ばいしゅう》）は、会社を買って支配することです。会社を買って一緒にするのが合併で、会社を買って子会社《こがいしゃ》にするのが買収です。だから本質的には二つとも同じです。会社が出している株数（発行済《はっこうず》み株式数《かぶしきすう》）が一〇株としたら、その半分の五を超《こ》える六株以上の株（出している株の五〇%超）を持ってしまえば、過半数《かはんすう》の議決権《ぎけつけん》を持ち、その会社を支配できます。自分の意思《いし》で経営することができます。つまり、経営権《けいえいけん》を握れるのです。これがM&Aです。

ここで、問題なのは株数であって金額ではありません。何株持つかが重要で、この株数に一株当たりの価格を掛けたものが売買価額《ばいばいかがく》です。

その価格の元の元になるのが「純資産」です。

資産から負債を引いた純資産の簿価が一〇〇円だとします。その会社の株数が一〇株であれば、一株当たりの純資産は一〇円です。それが簿価です。この簿価一〇円が、一〇株の元になる「一株当たりの純資産」です。

ところが、この純資産の簿価一〇〇円から入って、時価を考え、ブランドの価値とか、従業員や経営者や顧客《こきゃく》などの人間の価値とか、いろいろなものを入れて、最終的にたとえば二〇〇円まで上がっていたとします。

簿価で言えば、一株当たりの純資産は一〇円で、それを六株（六〇円）買えばいいわけですが、それでは株主は売ってくれません。一〇〇円のものが二〇〇円になったのですから、一株当たり一〇円だったものが二〇円になります。二〇円出さなければ、売らないのです。

このように純資産は簿価では売買されませんが、結局、M&Aで売買するのは「純資産」の人気も含めた売買価値です。少しむずかしい言葉で言うと「企業価値《きぎょうかち》」です。

◆企業価値は株主同士が決める

M&Aには資産とか負債は出てきません。収入も費用も関係ありません。一にかかって純資産です。

では、純資産は、資産から負債（マイナスの資産）を引いたネット（純）の資産ですから、これを会社の価値と考えていいでしょうか。少し違います。会計上、決算書上での会社の財産をあらわすのは、資産の合計（総資産《そうしさん》）です。そして、その価値を分け合《わあ》うのが、債権者（負債）と株主（純資産）です。

つまり、純資産は株主の持ち分《もぶん》という意味もあるのです。

株主の持ち分を分けたものが株式です。この会社が一〇株発行していたとしたら、株主の持ち分を十等分にしているということです。だから、その内の六株を買えば、純資産の株数と金額の六〇パーセントを自分のものにできます。それがM＆Aです。

会社のオーナーは株主ですから、会社の価値は株主同士《どうし》が決めることです。

そして、その価値は、これまで述べたように、バランス・シート上の純資産だけでは決まりません。

たとえば、上場会社の場合、純資産を株数で割ったものが「一株当たり純資産」で、一株いくらかを投資家（株主）が証券市場で決めるのが「株価」なのです。

M＆Aは純資産の売買

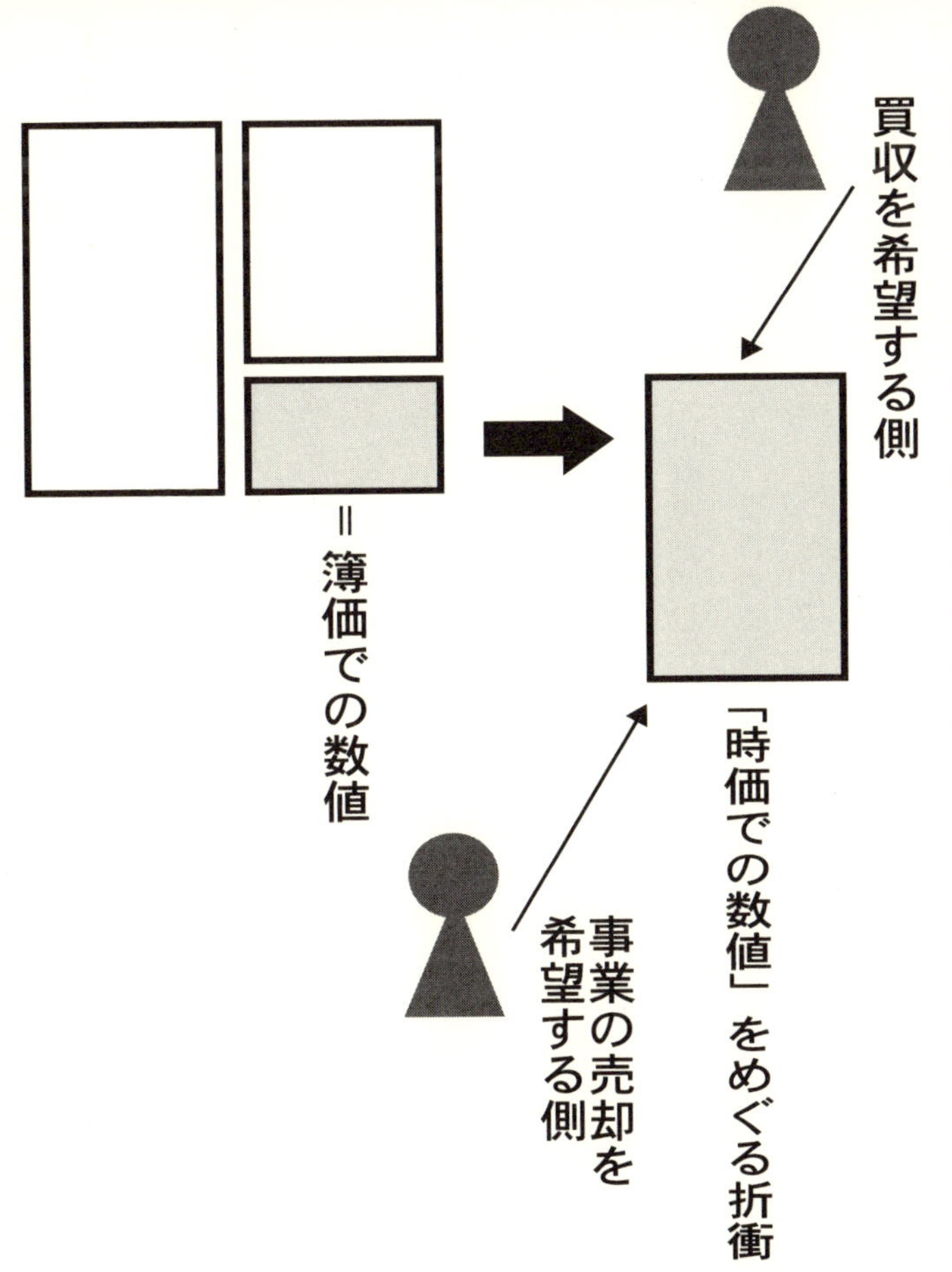

買収を希望する側
＝簿価での数値
「時価での数値」をめぐる折衝
事業の売却を希望する側

2 デュー・ディリジェンス（Due Diligence＝詳細調査）

◆帳簿上の「純資産」をきちんと把握する

買収のときに、果《は》たして本当に資産があるのか、果たして負債はこんなに少なくていいのかを調べることを、「デュー・ディリジェンス」（詳細調査《しょうさいちょうさ》）といいます。資産と負債が正しいかどうか調べないと、純資産もわからないからです。

もともと「デュー」は「〇〇しなければならない」の意味で、「ディリジェンス」は「まじめ」という意味です。この二つがくっついて、「まじめにしなければならない」という意味になります。「資産」や「負債」をきちんとまじめに表示しなければならないので、それを調査するリサーチのことを「詳細調査」と日本語で訳しています。

もとは、まじめでなければいけない、まじめであったらきちんと帳簿をつけるべきである、ということです。

これが、買収の初期の段階でとても大事です。資産と負債がきちんとしていれば、きちんとした帳簿上の純資産の額が出てきます。

デュー・ディリジェンス

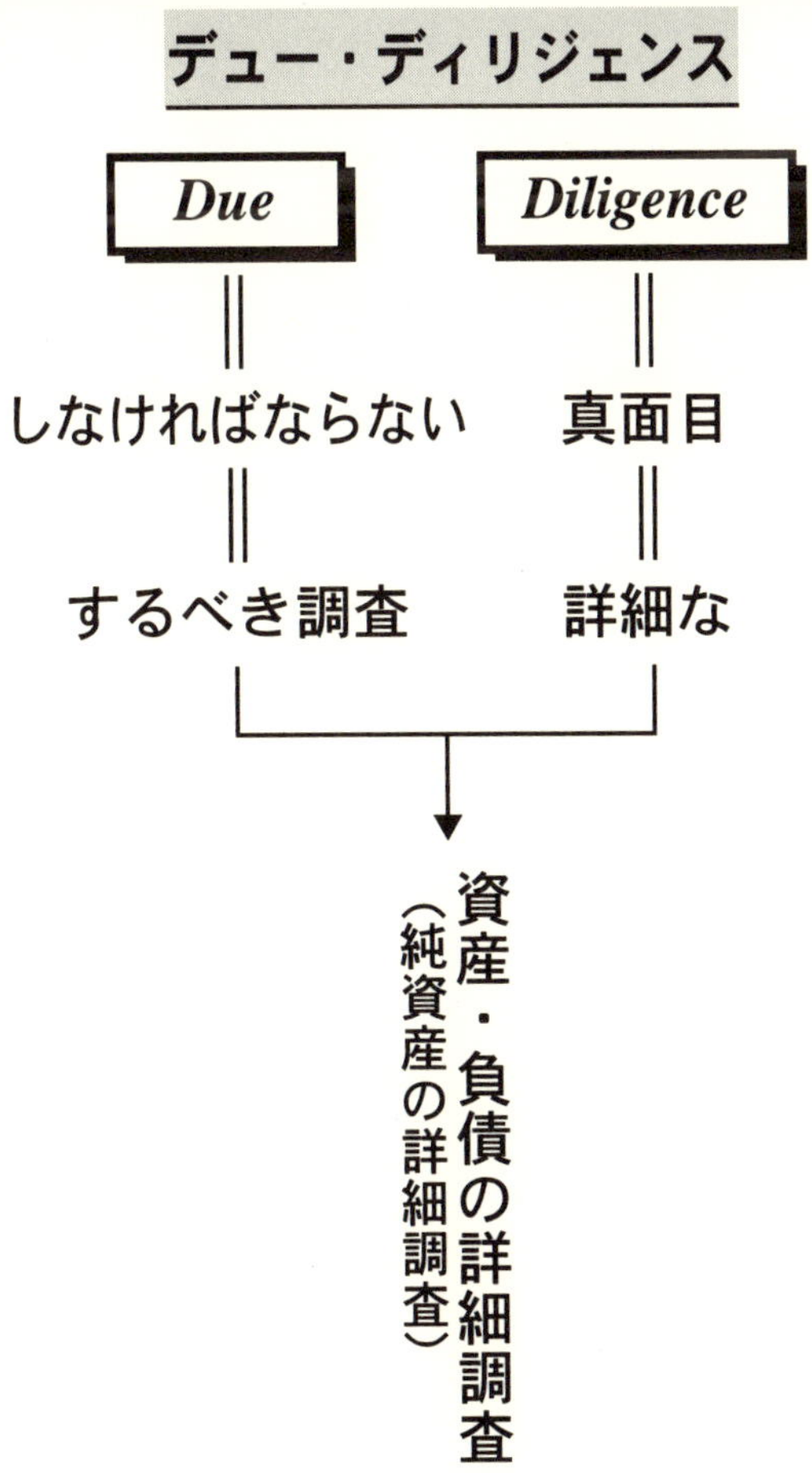
デュー・ディリジェンス
Due
Diligence
しなければならない
真面目
するべき調査
詳細な
資産・負債の詳細調査
（純資産の詳細調査）

◆デュー・ディリジェンスより大事なものがある

これを調査するために、会社は弁護士《べんごし》や会計士《かいけいし》にお金を支払います。会社にちゃんと調べる力がないと、買収金額の一〇パーセントぐらいが、弁護士や会計士にいってしまうこともあります。

私がかつて所属していた信越化学が、M&Aに当たって弁護士や会計士に支払っていた報酬は、買収金額のわずか〇・何パーセント程度です。しかも、力のない弁護士や会計士は使いません。もともと「力のある弁護士・会計士の襟首《えりくび》をつかんで、遠心力《えんしんりょく》のごとく振《ふ》り回《まわ》して使う力」が会社の力です。デュー・ディリジェンスの役目はとても少なく、デューアリングM&A（買収業務《ばいしゅうぎょうむ》）の中でのウエイト付けは一〇〇分の一もないのです。

確かにデュー・ディリジェンスは大事ですが、過大評価《かだいひょうか》してはなりません。デュー・ディリジェンスで見ているのは、結局は純資産です。純資産を調べるために、資産・負債、収益・費用の内容を見ているのです。

たとえば収益で、架空《かくう》売上を計上していれば純資産は膨らんでいます。そうしたことがないように、バランス・シートの資産・負債、損益計算書の収益・費用を過去五年間なら五年間、詳細《しょうさい》に調査します。帳簿に載っている「純資産」が正しいかどうかを調べるためです。

デュー・ディリジェンスは大事ですが、もっともっと大事なものがあります。それは、その会社の持っている技術や、経営者の資質《ししつ》、従業員のまじめさです。

もちろん、資産・負債は詳しく調査しなければなりませんが、それほどウエイトをかけなくてもいいのです。それは今ある資産・負債が正しいかどうかを見るためだけだからです。大事なのは買収した後のことです。純資産とその周りにある「見えない資産」が将来《しょうらい》役立つかどうかのほうが大事です。経営は「将来」（英語で言う「アフター・Ｍ＆Ａ」）を考え実行することなのです。

ただし、「経営は将来」と言うと、「経営の将来にはブランドが大事」だと言って、貸借対照表とか損益計算書をないがしろにする人がいます。それでは駄目です。これでは本末《ほんまつ》転倒《てんとう》です。

繰り返しになりますが、今ある決算書が大事です。今ある決算書を大事にできなくて、将来の決算書をよくはできないのです。

過去・現在・将来がみんな結びついているのです。将来が大事だから、今をないがしろにしていいわけがありません。今を大事にするからこそ、将来を見つめることができるのです。

3 「のれん」とは何か？

◆のれん（営業権）の発生

M&Aが行われるとき、買収される側の会社（被買収会社《ひばいしゅうがいしゃ》とよく言われます）が純資産の時価評価金額よりも高い買収額がつけられることがあります。この時価純資産を上回った部分の金額を「のれん」と言います。この「のれん」に何千億円、何兆円といった恐ろしいような金額がつけられての交渉が行きかう時代になっています。

「のれん代」は「営業権《えいぎょうけん》」（グッド・ウィル）とも言いますが、今ではずばり「のれん」ということばが正式な法律用語となりました。

たとえば羊羹《ようかん》でとても有名な「虎屋《とらや》」さんという会社があります。「虎屋の羊羹なら他の羊羹より少しくらい高くったっていい」という感覚がみんなにあります。虎屋は、一五〇〇年代の後半、豊臣秀吉《とよとみひでよし》の時代から続いている和菓子屋《わがしや》さんです。「虎屋」ののれんが掛かっているだけで、五〇〇年分の価値がそこにあります。ですから、もしもこういう会社を買収しようとしたら、同じように羊羹をつくっている会社よりも、ずっと余分にお金

のれんとは？

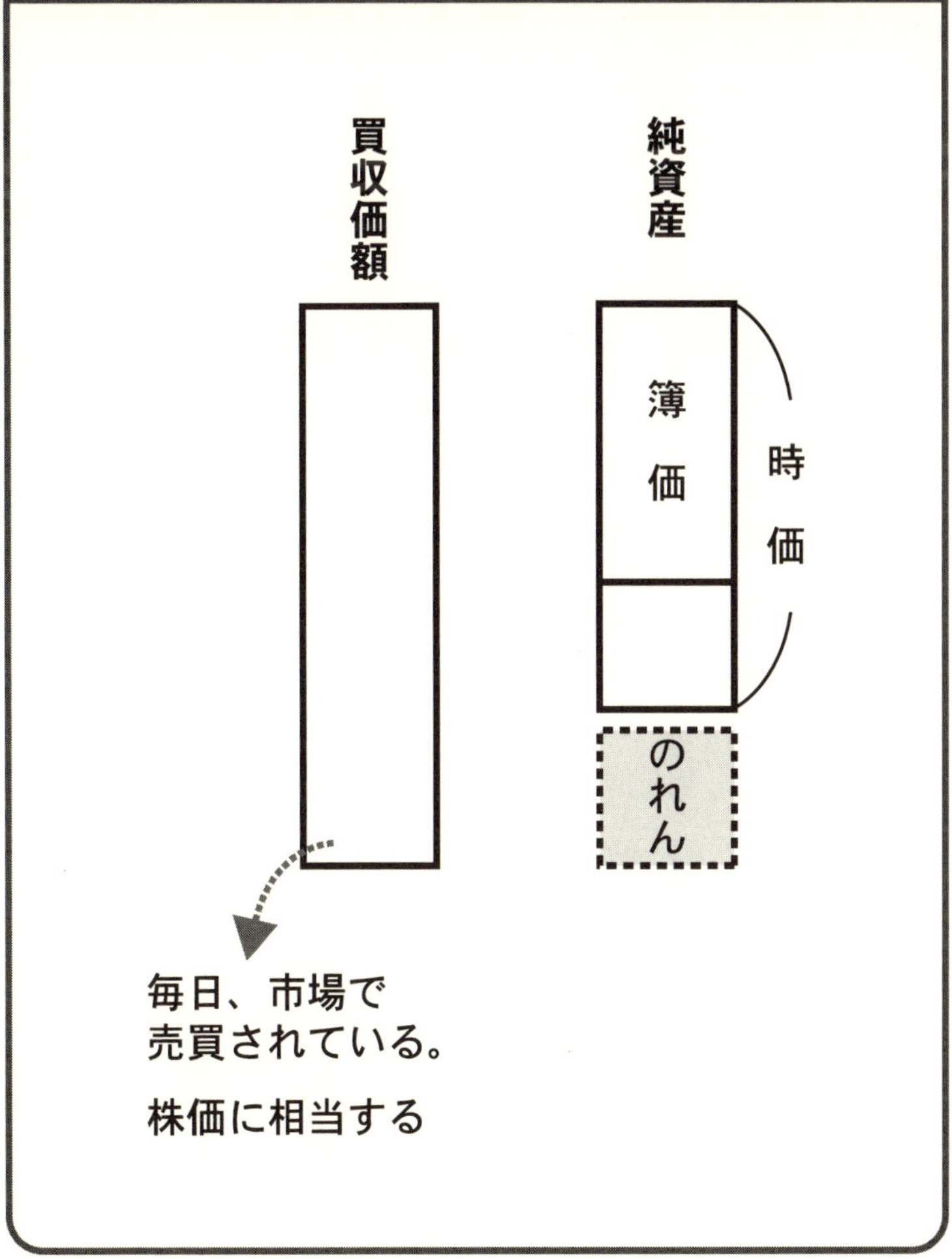
買収価額
純資産
簿価
時価
のれん
毎日、市場で
売買されている。
株価に相当する

を支払わなければならないでしょう。この余分な部分も、「のれん」の一部です。

「のれん」は必ずしもプラスのものばかりとは限りません。不祥事《ふしょうじ》を起《お》こしたり、品質や経営体質に大きな問題があると、マイナスの「のれん」(「負ののれん(逆のれん)」とも言います)になります。プラスの「のれん」は資産ですが、マイナスの「のれん」は負債になります。

このように「のれん」は、会社の価値に非常に大きな影響を与えますが、不思議なことにふだんバランス・シートには載りません。五〇〇年の歴史があって、羊羹が高く売れても、虎屋のバランス・シートには「のれん」は全く載っていません。私たちの頭の中にあるだけなのです。

「のれん」がバランス・シートに登場するのは、M&Aが行われたときだけです。時価の純資産よりも余分《よぶん》にお金を支払って会社を買収したとき、はじめてその余分《よぶん》の金額の「のれん」は、バランス・シートの資産のうちの「無形固定資産《むけいこていしさん》」に載ります。

たとえば純資産(資産−負債)が八〇億円(帳簿価格)で、その会社の持っている土地や有価証券の含《ふく》み益《えき》などを考えた時価一〇〇億円の会社を、「のれん」を含めて、一三〇億円で買ったとします。差額の三〇億円が「のれん」としてバランス・シートに載るのです。余分なことですが、少し前まではこれを「連結調整勘定《れんけつちょうせいかんじょう》」というむずかしいことばで呼んでいました。「のれん」のほうが、ずっとわかりやすくていい言葉だと思います。

バランス・シートのどこに載るかというと、のれんは固定資産《こていしさん》です。先にもチョット触れましたが、会社の中に長い間ある（一年以上）ものですから、「固定資産」です。

固定資産は有形固定資産《ゆうけいこていしさん》と無形固定資産とに分かれます。有形固定資産は、形がありいます。建物、土地、車、構築物《こうちくぶつ》など目に見えて有形なものです。無形なもの、形のないものでも、長い間あるものは無形固定資産です。ですから、「のれん」は無形固定資産です（マイナスののれんの場合は、固定負債《こていふさい》になります）。

◆のれん（営業権）の償却

では、「のれん」はどのようにして償却していくのでしょうか。

日本の会計規則《きそく》では、二〇年以内に均等償却《きんとうしょうきゃく》します。たとえば、のれんが三〇億円だったとします。これを二〇年で償却すれば、毎年一億五、〇〇〇万円です。

私の体験では、私の師匠《ししょう》の小田切新太郎さん（元信越化学工業㈱社長）は、常に「私の社長在職期間《ざいしょくきかん》は長くて五年です。だから、のれんの償却期間《しょうきゃくきかん》は五年以内にしてください」と申されていました。それで、すべてのM＆Aののれんは五年均等償却しました。五年で償却すると、毎年六億円です。

ところが、アメリカでは償却しません。要するに、買収金額を一三〇億円払って、純資産の時価が一〇〇億円の企業を買って、のれんが三〇億円になっても、費用にしないのです。そのまま無形固定資産に置いておくだけです。

ところが、のれんを使ってやっている事業がうまくいっているかどうかを見ていくと、必ずしもうまくいくとは限りません。買収前はうまくいっていたのに、買収後《ご》はうまくいかないこともあります。そうすると、買ったのれんの価値が減ってきます。そのとき、「価値を落とさなければいけない」というのがアメリカのやり方です。

これを「減損会計《げんそんかいけい》」と言います。私は、こうしたアメリカのやり方は、日本より遅れていると思います。その理由は、①、アメリカ方式は、のれんへの適正な減損会計の適用が困難であり、②、結果として含み損を抱える企業を増加させると考えるからです。

◆スタートはいつも純資産の簿価である

会社の価値を考えるとき、いつでもスタートは「純資産」の帳簿価格（簿価）です。この簿価を正しく把握《はあく》するために、資産と負債と純資産の詳細な調査（デュー・ディリジェンス）を行うことは先にお話したとおりです。

ただし、会社の価値は帳簿上の純資産だけでは決まりません。ここで、今までの復習もかねて、純資産とのれんについてまとめてみます。

まず、資産の中には時価（含《ふく》み益《えき》・含み損《そん》）のあるものがあります。

たとえば、一〇〇円で買った有価証券は帳簿には一〇〇円と載っています。その株が、一二〇円になっていれば時価一二〇円で簿価より二〇円高くなります。有価証券だけではありません。土地にも建物にもすべて時価があります。プラスの場合（含み益）ばかりではなく、マイナスの場合（含み損）もあります。資産や負債を時価に修正して計算した価格が、純資産の「時価」です。

純資産の時価は、今、会社が持っている資産をすべて売り払《はら》って、負債をすべて返してしまったと考えたとき残る金額に近くなります。

純資産の時価にプラス（あるいはマイナス）されるのが、先にお話したプラス・マイナスの「のれん」です。

上場している会社であれば、市場で株価が決まります。あれは、日々小さな、株の買収が行われているということです。一株株主であっても一株買収しているということです。

市場で決まる株価は、プラス・マイナスの人気が大きく左右します。簡単に言えば、この人気が「のれん」の大事な部分です。

4 デュアリングM&A、最大は人の問題

◆有能な経営者・従業員に留まってもらうために

M&Aというとすぐに、「デュアリングM&A」(買収の折衝過程《せっしょうかてい》)を思い浮かべる人が多いと思います。友好的《ゆうこうてき》買収であっても、デュアリングの間に厳しい折衝が行われます。世の中にたくさん出回っている書籍も、「デュアリングM&A」を扱《あつか》ったものばかりです。

しかし、本当に大事なことは、デュアリングM&Aの間に、買収会社と被買収会社の社長、役員、従業員といった人たちがどのように幸せになっていくかを考えることです。今経営している会社の社長、役員、従業員が全部辞《や》めてしまったら、会社はつぶれてしまいます。ですから、デュアリングM&Aの間に、社長や重要な役員、重要な従業員がそのまま辞めないように折衝します。これは、表には見えないことですが、デュアリングM&Aの中で一番大事な点です。

買収しようとする会社の株主の人たちと折衝するとき、バランス・シートに載っていない「人間」がポイントになります。会社はなんのためにあるかといったら、「人間の幸せ」

人がポイント

① 社　長（報酬と知）——面接交渉

② 役　員（報酬と知）——面接交渉

③ 従業員（給料と知）——面接交渉

←

アフターM＆Aの純資産と密接に関連

「人」はバランス・シートに載っていない。
けれど、いちばん大事！

のためにあるのです。だから、デュアリングM&Aでは、買収したほう（買収企業）も、買収されたほう（被買収企業）も、買収したあと、それに携わる人たちが「幸せになるためにやっている」という発想を必ず心掛けます。

極めて有能《ゆうのう》な経営者やノーベル賞を受賞するような研究者がいるとなれば、当然、ブランド力は膨らみます。しかし、そんな人は滅多《めった》にいるものではありません。

いいものをきちんと真面目《まじめ》につくっていく会社を買収するとなれば、今、そこで働いている社長・役員・従業員が幸せになるような、いやになって辞めないような、しかも、経営に参画《さんかく》する意識が高揚《こうよう》して働いていけるようなM&Aにしなければなりません。

ところが、敵対的買収となると、これらの人たちを雑草のごとく踏みしだいて会社を買収します。そこでは、人間のことなど全く頭にありません。お金で買ってしまえばいい、前の人たちは辞めさせて、われわれが経営すればいい、というのではライブドアや村上ファンドがとった行動と同じになってしまいます。それでは世の中がよくなることはないでしょう。

だから、私は敵対的《てきたいてき》M&Aに反対です。非《ひ》・敵対的《てきたいてき》M&A、または友好的M&Aを大切にしてきました。それだけに、「アフターM&Aに力点《りきてん》を置いたデュアリングM&A」を大事にしていただきたいと思うのです。

◆買収後の事業をスムーズに行うために

「M&A」の「M」は「マージャー」で「合併」です。「A」は、「アクワイア（獲得《かくとく》する）」という動詞の名詞形の「アクイジション」です。合併《がっぺい》（マージャー）は、するほうもされるほうも考えていますが、「アクイジション」ということばは、買うほうからしか考えていません。だから「企業買収」となっています。

私は、それが昔から腑《ふ》に落《お》ちません。「買収」は買って自分のものとしてしまうことだけです。だけど、買収される側もあります。株を売る株主もいるのです。実際は、事業は買収後も続いていきます。そして、大事なことは買収の後です。

ですから私は、「企業買収」とは言わず、「企業売買」「事業売買」と言っています。買うほうも大事ですが、売るほうも大事だからです。それなのに英語のアクイジションを訳して「企業買収」になってしまったのです。これでは、買われるほうはたまったものではありません。買われるほうの意識が、企業買収という言葉の中にないのですから。

会社はそこに人があってこその会社です。あとでもお話しますが、買収する側《がわ》と買収される側の両方《りょうほう》の会社にとって「人」こそが最も貴重《きちょう》な財産なのです。

5 アフターM&Aの「最大の見えない資産＝人」

◆「人」が純資産の価値を高める

非常に高い技術をもった技術者がいるとします。その技術者がいなくなってしまったら会社がおかしくなると考えれば、その技術者に残ってもらうことが買収の後のいちばん大事な仕事になります。たとえば、島津製作所《しまづせいさくしょ》を買収するとしたら（島津製作所さんには叱《しか》られてしまいますが）、田中耕一さんに残っていただくために全力投球《ぜんりょくとうきゅう》し、それにM&Aの一番のウエイトをかけます。

ところが、そういうことを忘れて、とにかく株主から株を高く買ってしまえばこっちのもので、あとはそれから考えればいいというのは敵対的《てきたいてき》M&Aです。

友好的M&Aでは、田中耕一さんのような人が何人かいるとすると、買収したあと、その人たちが辞めないように、その人たちにもっと意欲を出してもらって、わが社の研究者と一緒になってやってもらえばもっと力がつく、と考えます。わが社にはそれだけ研究の力のある人がいない場合には、会社の財産を買うのではなく、そこにいる人の能力《のうりょく》を買うこともあるのです。

極端に言えば、赤字の会社を買うこともあります。

信越化学は、以前アメリカのベンチャービジネスを買いました。その会社は赤字《あかじ》でしたが、とても優秀な研究者にいい人がいました。その研究意欲の価値を買いました。というのも、その人たちは、「喜んで信越化学と一緒《いっしょ》に新しいものを研究しよう」と言ってくれたのです。そうすると、その買収価額は資産や負債とは関係ありません。これは、資産や負債のデュー・ディリジェンスとはほとんど関係ありません。

アフターM＆Aのためには、優秀な人が辞めないようにして会社を買うことが大事です。これは純資産とは直接的には結びつきませんが、必ずや将来の純資産がよくなるように寄与《きよ》してくれるはずなのです。

◆「人」の問題を考えきる

さて、会社を買収した後、出てくるのがこれも人に絡《から》む問題です。

まず、新社長をだれにするか。それで、会社は全然違《ぜんぜんちが》ってしまいます。役員も勧誘《かんゆう》しなければなりませんし、従業員の残留《ざんりゅう》を要請《ようせい》しなければなりません。従業員は、適材適所《てきざいてきしょ》に配置《はいち》しなければならないし、間接部門は徹底的に効率化しなければなりません。これを一所懸命《いっしょけんめい》やると、人が辞《や》めてしまって困《こま》るとか、いい人が先に辞めていってしまうなどの問題が発生します。

人に絡んだ事柄《ことがら》は、まだまだたくさんあります。

需要家の信用の厚い販売パースンの育成《いくせい》については、デュアリングの間からやっておくべきことがいろいろあります。

アメリカの企業買収時に検討すべき代金回収《だいきんかいしゅう》の仕事も重要です。この代金回収の仕事はネイティブの人にしかできません。たとえばアメリカで代金回収《だいきんかいしゅう》をするなら、いくら日本人がうまい英語を使ってもなかなかできないのです。信越化学の米国子会社シンテックでは、社長秘書の有能な女性がこの仕事を一人でやっています。

会社のステークホルダー（利害関係者）に対しては、どのような会社であるかを明確にします。事故が起きないように、まじめに法律を守って経営するなど、わかりやすく考え方を示します。

経営トップから第一線の、こうした人に絡《から》んだことをデュアリングM&Aの間に、きちんと考えきった経営を実行しておくことが大事です。

6 「デュアリングＭ＆Ａ」は「アフターＭ＆Ａ」のためにある

◆買収後のヒト・モノ・カネの問題

デュアリングM&Aはどこの会社も熱心に行っていて、説明しやすいので、それが本になります。弁護士事務所や監査《かんさ》法人《ほうじん》が行っている仕事は全部デュアリングM&Aです。M&Aをやっている最中《さいちゅう》は、なんとか安く会社の株数を五〇パーセント超《ちょう》買って、そこを買収し終わることに全力投球しています。

しかし、大事なことは、こんなことではありません。デュアリングM&Aで株を一所懸命買う間に、「買ったあとのことを考え・実行すること」です。

たとえば、買収しようとする会社が抱えているお客さんが、買収後に取引を継続《けいぞく》してくださらないと大変です。そうならないように買収の話し合いをしている段階から、買収した後のことを真剣《しんけん》に準備《じゅんび》しきります。同様に、従業員が買収後に継続して留《とど》まるかどうかの打診《だしん》も真摯《しんし》に遂行《すいこう》する必要があります。これをする力は弁護士にはありません。

原材料を売ってくれている仕入先とも、具体的《ぐたいてき》に将来の購入数量《こうにゅうすうりょう》・単価《たんか》の条件を煮詰《につ》めます。これは大変な仕事です。

銀行が、買収後に取引を続けてもらえるかも交渉《こうしょう》します。

たとえば、アメリカの会社が経営していたときは地域社会の人は認めているのに、日本人が買収して日本人が経営したからといって意地悪《いじわる》されないように、買収折衝の間に考え手を打っていきます。

つまり、ヒト・モノ・カネについて、あとで問題が起きないように全力投球します。

◆買収後のこと（純資産）を先に考える

「買収金額などより、買収後会社がきちんといくように、買収をしている間に考え・実行するのが本筋です」

これは、私の上司であった小田切新太郎社長のことばです。

今から三〇年ほど前、私が経理課長の頃、買収チームに加わってアメリカに三カ月間滞在《たいざい》したことがありました。チームメンバーは、国際事業本部長《こくさいじぎょうほんぶちょう》、技術部長《ぎじゅつぶちょう》、営業係長《えいぎょうかかりちょう》、そして経理課長《けいりかちょう》である私の四人です。私がこのチームに加えられたのは、経理・財務パーソンとして、株価を少しでも安くするために行くのだ、と他のメンバーの方々は思っていました。

内部成長・外部成長と
デュアリングＭ＆Ａ・アフターＭ＆Ａ

Ⅰ．内部成長と外部成長

外部成長（デュアリングM&A）

Ｍ＆Ａ
（極限の交渉）

中間成長

販売提携
技術提携
業務提携
共同研究

内部成長（アフターM&A）

ヒト・モノ・カネという
経営資源の活用
（通常経営）

Ⅱ．「デュアリングＭ＆Ａ」と「アフターＭ＆Ａ」
〈「アフターＭ＆Ａ」の重要性の認識が大切〉

§「デュアリングＭ＆Ａ」は「アフターＭ＆Ａ」のためにある

§「アフターＭ＆Ａのポイント」

アフターＭ＆Ａの純資産（例）

・販売力
・購買力（主要原料調達力）
・人（役員＋従業員）
・自社（買収する側）の実力評価
・資金調達力
・法律遵守力
・研究力

デュー・ディリジェンスの専門家だと思い込んでくれていたのです。実は、私自身も、それが私の役目であろうと思っていました。

その気になっていた私は、出発前、小田切社長の前で次のように決意を表明しました。

「ご命令《めいれい》のとおり、三カ月行ってまいります。今までいろいろと教えていただき、培ってきた知識をこの方たちに開陳《かいちん》して、買収金額の交渉時《こうしょうじ》にサポートしてまいりたいと思います」

すると、小田切社長からは思いがけない返事《へんじ》が返ってきました。

「金児君、サポートは必要ないです。力のある人が行うからサポートです。サポートは必要ありません」

「協力してまいります」と言い直すと、「協力も力のある人でなければなかなかできないものです」と。わけがわからなくなった私は、「では、なんでしょうか」と聞いてみました。

「バックアップです。本当は力がなければバックアップもできないが、そのバックアップの方法について、私はあなたにお願いがあります」

三〇も年の違う社長が、私にそう言うのです。

「打ち合わせをするとき、『アフターM&Aの売上がきちんと上がらなければその買収は意味がない。売上こそ一番大事です』と毎日いっぺんでいいから言ってほしい。あなたは株価には一切タッチしなくていい。株価は事業本部長の金川さん（現信越化学工業㈱社長）に任せてあるから、純資産の評価は全然やらなくていい。金川さんが、あとで事業がうまくいくかどうかを見て、純資産を積み重ねる株価ではなく、株式市場で売り買いするような発想《はっそう》の経営感覚《けいえいかんかく》に基づいて株価を勘《かん》で探《さが》し出《だ》すから、任《まか》せます。あなたは『買収したあとの売上が大事だ』ということを三カ月間、毎日いっぺん必ず言ってきてください」

アメリカに行くと、しょっちゅう打ち合わせをします。日本の弁護士・会計士を連れていって、交渉の前などにバンバン打ち合わせをします。そのときに、こう心がけるようにと言われたのです。そして、これが私の仕事になりました。

はじめのうちは楽《らく》でした。朝、みんなで会議をしているときに「買収したあとの売上が大事ですね」と言えばいいわけですから、それでその日の仕事は終わりです。翌日も「あのネブラスカ州の長期販売契約はきちんと見直したほうがいいのではないでしょうか」と言えば、それで社長命令は終わりです。もちろん、実際にはその他のことも一所懸命しましたけれども。

そんなことを二週間も続けていると、「金児は自分では何も売れないくせに、先の売りのことばかり言っている。とんでもない！」と非難の矛先《ほこさき》が向いてきます。しかし、社長命令ですからやめるわけにはいきません。「やはりアフターM&Aの売りが心配ですね」

と、手を替え品を替え言い続けました。「君も一キロでも売ってみろ」と叱《しか》られながら。

しかし、そのうち、そのことの大事さに本部長が自ら気づき始めました。買収折衝をしている会社の副社長と一緒に、プライベート・ジェット機に乗って、アメリカ中を飛び回りました。買収しようとしている会社の需要家《じゅようか》を回《まわ》って、「今度うちが買収して、うちの経営になっても、製品を買ってくれますね」という折衝をやってくるのです。朝の五時に出発して、アメリカ中を三泊四日で、二十ぐらいの需要家をたずね、四日目の夜の十一時ぐらいに「くたびれたー」と言って帰ってくる日が続きました。

さらに、会社を買っても、原料がなければ工場は動きません。買収後も必要な数量を安い値段で、きちんと売ってくれるかどうかの折衝も行いました。

こうした行動は、確かな成果を生みました。しかも、買収の折衝を現場《げんば》で行った人を、買収後の会社の長、つまり社長に就《つ》けることを小田切さんは決めていました。ですから、株価を安く買うよりも、買ったあと自分が社長になるのだから、それがうまくいくための仕事をしたのです。

そのことを私は『M&Aで会社を強くする』（日本経済新聞出版社）という本に書いています。これが、本当のM&Aの姿であり、ビジネスなのです。

まさに、デュアリングM&AはアフターM&Aのためにあるのです。

7 「相対の株価折衝」は株主（経営者）同士が行う

◆折衝は経営者でなければできない

通常、買収の実務は、弁護士や会計士を使って行う会社が多いのですが、それは危険です。なぜなら、弁護士《べんごし》、会計士《かいけいし》、弁理士《べんりし》、税理士《ぜいりし》といった人たちは、それぞれの道では専門家であっても、会社を経営したことがないからです。経営したことがない人に、そもそも会社を代表した折衝が務《つと》まるわけはないのです。

たとえ会社の中にいる一《いち》社員であっても、私は会社を経営していると思っています。たとえ仕訳を起こしている一社員であっても、工場から営業所へものを動かしている社員でも、ベルトコンベアの中でネジを巻いている人でも、その仕事の経営者です。従業員プラス経営者が、本当の経営者なのです。

ところが弁護士や会計士は法律や会計の専門家ではあっても、経営者ではありません。

繰り返しますが、そういう人に経営の仕事を任せてはならないのです。

M＆Aは、真剣勝負《しんけんしょうぶ》の折衝です。相手の株主と必ず相対《あいたい》します。この相対の折衝が大事なのです。相対するのは、双方《そうほう》の株主ないしは経営者です。そのとき、両社共に弁護士や会計士といった法律や会計の専門家が同席《どうせき》します。しかし、主役はあくまでも会社の経営者です。相対のときは、経営者同士が話し合うのです。

相対で株価を折衝するとき、相対の株価の元にある純資産の簿価と、人気の入った時価がいくらになるかをトコトンやりあいます。そして、株数がいくら取得できるかを考えます。将来（アフターM＆A）の純資産を増加させるには、どうすればいいか、すなわち将来の売上・利益を考えながらの折衝です。一番大事なのは、最後の部分ですから、当然、経営者同士が話し合わなければなりません。

ところが、近年、弁護士が代理人になって折衝して、随分《ずいぶん》お金を儲けています。経営のできないM＆Aの紹介会社や代行会社がニョキニョキとあらわれています。

経営者同士の相対折衝の大事《だいじ》さをわかっていれば、むやみに会社経営の経験のない弁護士や代行会社に大金《たいきん》を差し出すことはしないはずです。よくよく気をつけてください。

◆買収を直接申し込むことも

実は、信越化学は一九八〇年代の終わりから九〇年代の初めころにかけて、三年間、買収案件を検討する企業開発部という部署《ぶしょ》をつくりました。どんどん紹介案件《しょうかいあんけん》を受け付けて、三年間で約五〇〇件の案件《あんけん》がきました。その案件を、企業開発担当専務《きぎょうかいはつたんとうせんむ》は一つ残らず断《ことわ》りました。

本当の案件は、そういうところにはなかったのです。その代わり、いろいろな案件を検討する中で、多くのことを勉強しました。会社の進んでいく方向付けが間違っていないかとか、同業他社《どうぎょうたしゃ》の動向はどうなのか、などさまざまなことを学べます。

繰り返しますが、自分の会社と一緒になって大きな果実《かじつ》を生み出す会社かどうかがわかるのは、経営者です。その経営者が、直接、買収を申し込むこともあります。

実際一〇年前にあった話です。いろいろと勉強して、世界に買収したいと思う会社が一〇社ありました。その会社に直接、社長が、「おたくの会社を買いたいと思います。売りたいと思ったらご連絡をください」と英語で手紙を出しました。すると二年ほど経って、急にその中の一社が「売りたい」と言ってきたのです。一年間、チームでデュー・ディリジェンスなどを検討して、相対の株価折衝をして、この会社を買うことにしました。買ったとたんにこの会社は黒字となり、どんどん伸びて連結決算に寄与しています。

相対の折衝にはこうしたことが起こりえます。だから、ムダだと思っても前向きに勉強することが大事です。

◆仲介と経営は別

以前、有名な投資コンサルタントの人から、「この会社を買収してはどうか」という紹介を受けたことがありました。信用のできる会社の人でした。その人が薦《すす》める会社は、研究開発の会社で決算書は赤字でした。

いろいろと検討した結果、トップは最終的にその会社を買うことにしました。紹介してもらった会社には、買うことが決まったら、一、〇〇〇万円以上二、〇〇〇万円以下の仲介《ちゅうかい》手数料《てすうりょう》をお支払いすると約束していました。

そのコンサルタントの人が、買収が決まった後、「われわれは、欧米のいろいろな投資銀行などを知っていますから、それをご紹介したりして、買った会社がうまく成功するようにアドバイスをしたい」と言ってきました。この提案を、当時の小田切社長はきっぱりと断りました。

「うちは経営能力のない会社のアドバイスは受けません。経営はまったくできないはずです。仲介はできても経営はできないのだから、そんなところのアドバイスを受けたらうちはつぶれてしまいます。株主に申しわけないのです。アドバイスは受けません。金児君、金額は君に任せるから仲介手数料を払って経営アドバイスは断ってしまいなさい」

私はびっくりしました。私は課長で、相手は名の知れた社長です。

仲介手数料は私に任《まか》されましたが、実は、向こうは頭の中で一、〇〇〇万円と思っていたようです。一、〇〇〇万円もらえば御《おん》の字《じ》だという雰囲気《ふんいき》が体に出ていました。そこで私は、「すみませんが、これでご了解《りょうかい》いただきたいのです。一、五〇〇万円が最高のお値段です」と言いました。相手は思っていたよりも、五〇〇万円余分にもらえるというのでビックリしていました。アドバイスはできないけれども、仲介は成功したのです。

弁護士などのアドバイスを真《ま》に受けた会社は、みんな悪くなっていくように思います。よい会社をご紹介いただいたコンサルタントは仲介の専門家《せんもんか》であっても、純資産を継続的に増やす経営の専門家ではないのです。ましてや欧米の投資銀行《とうしぎんこう》などは、軽々しく当てにはできません。

8 子会社と関連会社の範囲の日米の違い

◆支配力と影響力を考慮する

買収とは、言い方を変えれば、他の会社の株式を買って、子会社《こがいしゃ》にしたり、関連会社《かんれんがいしゃ》にしたりすることです。そうすれば、その会社に対して、支配力《しはいりょく》や強い影響力《えいきょうりょく》を持てます。

ここまで、買収とは「過半数《かはんすう》の株」を取得《しゅとく》することだとお話してきましたが、実際、子会社・関連会社となるのは、どの程度の株式を取得したときなのでしょうか。

これを考えるとき、「連結の範囲」が参考になります。子会社・関連会社は、親会社が決算するとき連結決算に「連結法《れんけつほう》」「持分法《もちぶんほう》」で入れなければならないからです。

連結の範囲、つまり子会社と関連会社の範囲《はんい》は日本とアメリカで異《こと》なっています。実は、これは日本のほうがずっと進んでいます。

ある会社を子会社にするか関連会社にするかというとき、アメリカは持株比率が五〇パーセントを超えていたら子会社、二〇％以上五〇％以下の株を持っていると関連会社になります。アメリカの基準は、所有《しょゆう》する株数《かぶすう》の比率（持株基準《もちかぶきじゅん》）だけです。仮にある会社

子会社・関連会社，日米の違い

米国

○持株基準のみ

子会社＞50％

50％≧関連会社≧20％

日本

○実質基準

子会社…支配力基準と持株基準

関連会社…影響力基準と持株基準

日本のほうが厳密！

の株を四五％持っていたとすると、アメリカであれば関連会社です。

連結決算を行うとき、関連会社《かんれんがいしゃ》は全体を連結しなくていいのです。「持分法《もちぶんほう》」と言って、利益だけつなげばいいんです（なお「持分法」に対して、子会社を全体的に連結する方法を「連結法《れんけつほう》」と言います）。連結損益計算書の営業外損益に「持分法による投資損益《とうしそんえき》」が載り、連結バランス・シートの資産に所有している株式がそのまま載り、純資産に持分に応じた「利益剰余金」が載ります。

子会社になると、決算書の科目をすべてつながなければなりません。

持株が四五％なら、アメリカでは自動的《じどうてき》に関連会社になりますが、日本は、それより上をいっています。

日本は持株が四五％でも、その会社に支配力を及ぼしているときは子会社とみなします。支配力を及ぼすとは、役員一〇人中六人を送り込んでいるとか、お金をけっこう貸し付けているとか、そこの会社の品物をたくさん買っているような場合です。これを「支配力基準《しはいりょくきじゅん》」と言います。日本は持株の数字だけでは見ないのです。

子会社の「支配力基準」に相当するものとして、関連会社の「影響力基準《えいきょうりょくきじゅん》」があります。持株二〇％以上、五〇％以下が関連会社というのは日本もアメリカも同じですが、日本の場合はアメリカより厳《きび》しくなっています。

たとえば、一五%であれば、アメリカの場合はまったく関連会社ではありませんが、日本では一五%であっても、そこに「支配力」ほどではないにしても「影響力」を及《およ》ぼすと見なしたら、関連会社にするのです。

日興コーディアル証券は、赤字の孫会社（なお、「孫会社」という言葉は、正式な会計用語ではないのですが、ここでのように使うとわかりやすい言葉です）を連結から外してしまって子会社に益を出させたと問題になりました。これは、アメリカでは実は必ずしも問題とされないかもしれません。しかし、連結決算の精神からは問題です。

何でもアメリカ流が優《すぐ》れていると考える人もいますが、連結の範囲については、日本のほうが進んでいます。アメリカが日本を見習《みなら》って、日本にあわせるべきだと思います。

◆子会社・関連会社の業績で利益が変化する

子会社には親会社以外の株主がいる場合もあります。子会社の株式を親会社が一〇〇パーセント保有している場合は、純資産も損益もすべて親会社の持分ですが、少数株主がいる場合は、出資割合に応じて「親会社持分《おやがいしゃもちぶん》」と「少数株主持分《しょうすうかぶぬしもちぶん》」に配分《はいぶん》します。

株数一〇〇の会社の八〇を親会社が持っていれば、少数株主の持分は二〇です。利益が一〇〇円出たとすれば、持分に応じて親会社八〇円、少数株主二〇円に分けるのです。純資産も一、〇〇〇円あれば、親会社の分が八〇〇円で少数株主の分が二〇〇円になります。

持分とは、「自分の分」という意味ですが、英語で言うと「エクイティ」と「インタレスト」の二つがあります。どちらも同じように使われます。われわれ日本人は、「インタレスト」というと「興味《きょうみ》がわく」とか「金利《きんり》」という意味をすぐに思い出しますが、「自分の分《ぶん》」「持分」という意味が辞書《じしょ》を引くと載っています。

たとえば、信越化学は三〇年ほど前に、アメリカにシンテックという持株五〇％の関連会社を持ちました。シンテックはメジャーリーグのテキサス・レンジャーズの株を持っていました。テキサス・レンジャーズが勝つと、持分法によりシンテックの利益が上がり、テキサス・レンジャーズが負けると利益が下がりました。試合の勝ち負けで利益が上がったり、下がったりするのを見て驚きましたが、テキサス・レンジャーズの株の多くはレンジャーズのオーナーが持っていました。つまり、シンテックの株式持分は、テキサス・レンジャーズの親会社から見れば少数株主持分だったのです。

9　会社は上場がよいか、非上場がよいか

◆上場、非上場の意味

「買収されたくないのなら、上場《じょうじょう》しなければいい」

村上ファンドやライブドアがマスコミを賑《にぎ》わせていた頃、こんなセリフを何度かテレビ・ラジオで耳にしました。

会社が上場されるから、買収されるとか、されないとかいう問題が起きます。ここで、会社は上場がいいのか、非上場がいいのか、少し整理してみましょう。

会社には二種類あります。上場・非上場ではありません。株式を売り買いできる会社と、売り買いできない会社です。

頭を真っ白にして読んでください。

株式会社をつくると、株式が発行され株券ができます。株券がA社に一〇株、B社も一〇株あるとします。それぞれの株式を、引き受けた株主が一〇人います。A社は、ほかの人に株を売ってはいけない会社です。B社は、ほかの人に売ってもいい会社です。

むずかしいことばで言うと、売ることを会社法では「譲渡《じょうと》」と言います。A社は「株式譲《かぶしきじょ》渡制限《うとせいげん》のある会社」、B社は「株式譲渡制限《じょうとせいげん》のない会社」です。

株式譲渡制限のある会社を「非公開会社《ひこうかいがいしゃ》」と言います。株式譲渡制限のない会社を「公《こう》開会社《かいがいしゃ》」と言います。それが正しいことばの使い方です。ふつう「公開会社《こうかいがいしゃ》」というと「上場会社」だと勘違《かんちが》いしていますが、そうではありません。

株式譲渡制限のない会社で、市場に上場した会社が「上場会社」です。ここを多くの人が間違えています。株式譲渡制限のある会社はもともと非上場《ひじょうじょう》です。株式譲渡が可能な会社の中で上場するか上場しないかに分かれるのです。

そのとき、上場したほうがいいか上場しないほうがいいか迷ったときは、私は上場しないほうがいいと申しています。

というのは、上場すべき会社が上場するのであればいいのですが、上場するべきでない会社が上場しているケースがたくさんあるからです。

上場すると、株価が高くなります。オーナーはたいてい株をたくさん持っていますから、それを市場に出して、チョットことばは悪いのですが、ぼろ儲けします。簡単なお金儲《かねもう》けがむずかしくなってきていますから、中には詐欺《さぎ》まがいの会社で上場している会社もあります。ですから、上場がらみには気をつけなければなりません。

非上場から出発して、自分で資金を集めて、いろいろな人の意見も取り入れて、さらに立派な会社にしようという志《こころざし》のある人以外は、簡単に上場してはならないと思います。上場すると、不特定多数《ふとくていたすう》の人に株が渡ります。経営のことなどわからない普通の人たちが、買ったり、売ったりしています。無責任《むせきにん》な志のない人が、少しお金が欲しいと思って上場してしまうと、結局最後は会社がおかしくなってしまいます。そのとき、騙《だま》されて損をするのは善意の普通の人たちなのです。

上場するとなれば、社長・会長といった経営者の責任の重みはグンと増します。正確に、迅速に、誠実に、純資産を増やしていく責任です。そのことを引き受ける覚悟《かくご》と志がなければ、上場すべきではない、と私は思います。

上場すれば、その会社の妥当《だとう》な純資産は世界舞台へデビューします。その舞台は敵対的M＆Aの舞台でもあります。非上場であれば、その会社の純資産は本業にまい進《しん》することによって、得ることができます。もし、M＆Aの世界に入りたければ、友好的M＆Aの世界で十分活躍できます。

10 何かと話題の三角合併とは?

◆時価総額の大きい外国企業が攻めてくる?

二〇〇六年五月の会社法の施行《せこう》で、話題となったのが「三角合併《さんかくがっぺい》」の解禁《かいきん》です。実際は一年間猶予《ゆうよ》され、二〇〇七年五月から実施されました。

合併とは、二つ以上の会社が一緒になって一つの会社になることで、新しく会社をつくる場合（新設合併《しんせつがっぺい》）と、片方の会社が残ってもう片方の会社を吸収する場合（吸収合併《きゅうしゅうがっぺい》）があります。このとき、消滅《しょうめつ》する会社の株主に対しては、存続《そんぞく》する会社の株式が渡されていました。

会社法では、米国企業の日本にある子会社が日本の会社と合併するとき、その対価《たいか》を外国企業である親会社の株式で払《はら》っていいことになったのです。これが三角合併です。親会社が外国の会社であると、日本の会社をどんどん子会社化《こがいしゃか》するのでは、と心配されています。

実質的には、外国企業の日本にある子会社の合併という形を使った株式交換《かぶしきこうかん》による買収

三角合併のしくみ

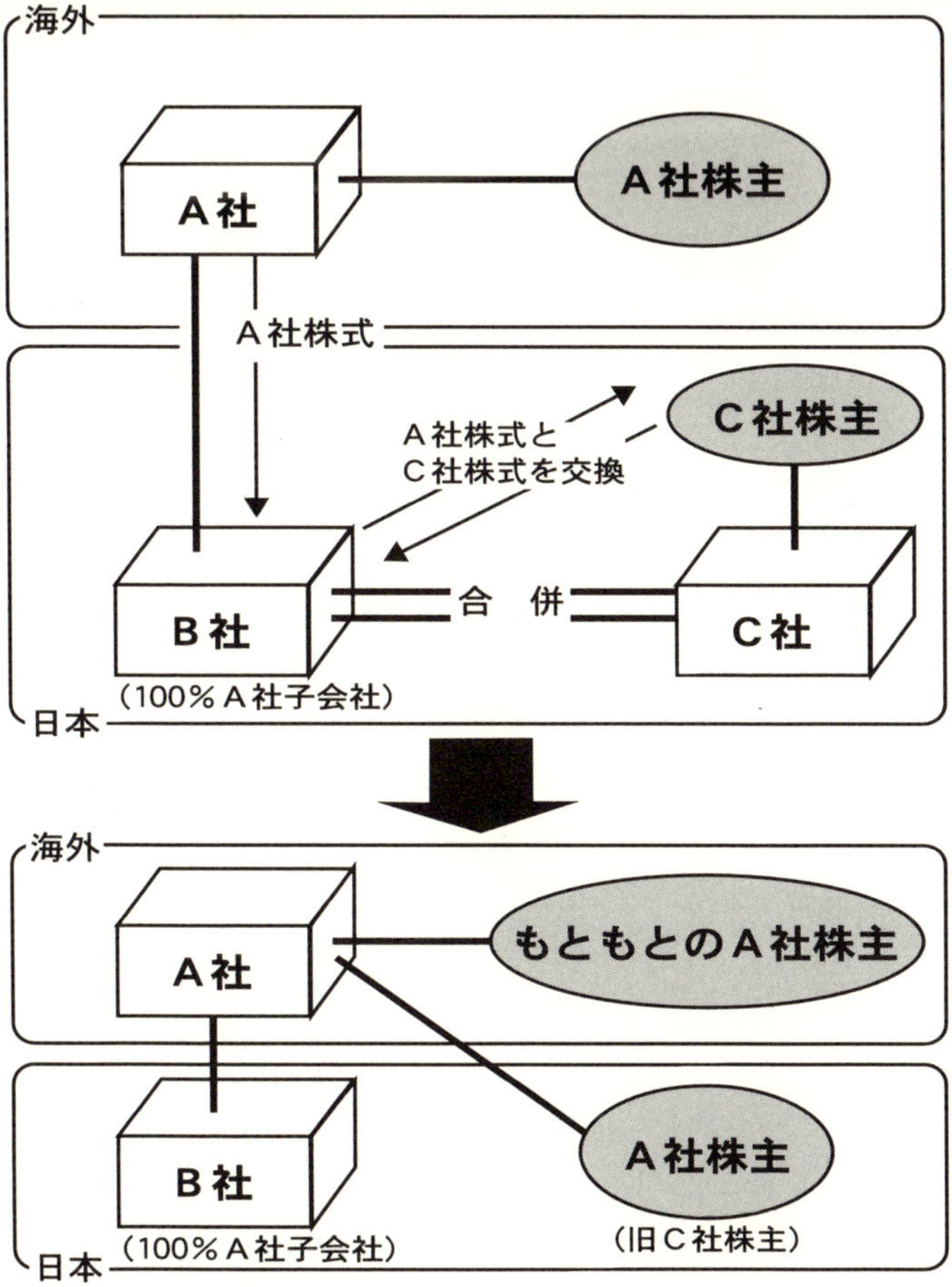
海外
A社
A社株主
A社株式
A社株式と
C社株式を交換
C社株主
B社
合　併
C社
（100％A社子会社）
日本
海外
A社
もともとのA社株主
B社
A社株主
（100％A社子会社）
（旧C社株主）
日本

です。通常、買収するときは現金を用意しなければなりませんが、株式交換は現金の代わりに自分の会社の株で支払います。純資産が大きくて時価総額《じかそうがく》の大きい会社は、少しの株で多くの株と交換できます。何より現金を用意する必要がありませんから、容易《ようい》に買収を進められます。ライブドアなども、株式交換を使っていろんな会社を買収していました。

このしくみを使えば時価総額の大きい外国企業が、日本の子会社を通《つう》じて日本の会社を買収できます。**Wikipedia**によれば世界で一番時価総額が大きい会社は、エクソンモービル四、二四八億ドル、二〇〇七年二月現在、二番目がゼネラル・エレクトリックの約三、六三〇億ドルです。日本で一番時価総額の大きいトヨタ自動車は、世界一四位で約一、九〇〇億ドルです。自動車こそ業界一位の時価総額となっていますが、同業で比べてみると、日本企業と外国企業の時価総額の格差《かくさ》が目につきます。時価総額が低いのは、結局、純資産がまだまだ脆弱《ぜいじゃく》で会社の力がないと市場が判断しているからです。

このような三角合併の実施とともに、ますます純資産の重要性は増してきています。ただし、外国企業の株が価値がある、という保証はどこにもないことは肝《きも》に銘《めい》じておく必要があります。この点を意外に多くの人が忘れています。交換した株が紙くずになってしまう危険性を、企業や投資家はつねに頭に入れておくべきです。

コラム

敵対的買収と非・敵対的買収

◆誰に対して敵対的か？

発行済み株式の過半数《かはんすう》を、強圧的《きょうあつてき》につかみ取るのが敵対的買収です。それを話し合いで取るのを、私は「非・敵対的M&A」（友好的M&A）と言っています。

英語で言うと、敵対的M&Aは「ホスタイルM&A」ないしは「アンフレンドリーM&A」です。「フレンドリー」が「友好的」で、「アンフレンドリー」が「非友好的」、「ホスタイル」が「敵対的」です。

ところで、M&Aで友好的・非友好的ということばが使われるとき、「だれに対して敵対的であるか」が基本的に間違《まちが》っています。

ある人がお金を持っていて、ある会社を自分のものにしようと思ったときに、この会社が一〇株出していたら六株を「株主」から買えばいいのです。

ところが、最近よく見かけるのは、株主ではなく、株主から経営を依頼《いらい》されている経営者が「買収されるのは、いやだいやだ」と言っているケースです。経営者は株主から見れば雇《やと》い人《にん》です。

たとえば、新日本製鐵の株式が買収されそうだというとき、新日本製鐵の株主はたくさんいますが、株主は「買収されるのはいやだ」とは言っていません。「いやだ」と言っているのは、雇《やと》われ人である経営者です。

だから本当なら、「本件は、買収で話題になっている会社の株主から委任《いにん》された、雇われた経営者に対して敵対的な買収である」と、きちんとコメントをつけなければいけないのに、そんなことを言う人は世界中どこにもいません。

そこをはっきりさせようと思うと、その会社の純資産の価値はなんであるかを研究したくなります。ライブドアや村上ファンドが問題になったとき、経済産業省に急遽《きゅうきょ》「企業価値研究会」ができました。ところが、大学の先生がトップを務めるこの研究会では企業価値の研究は全くせず、ポイズン・ピル（毒薬《どくやく》）の研究をしていました。「敵対的買収を防ぐ毒薬《どくやく》をどうしたらいいか」という、毒薬条項の検討会になってしまいました。これはおかしなことです。

株の売り買いは、今の株主と、これから買おうとする株主の間で行われる折衝のはずです。それなのに折衝相手《せっしょうあいて》が、今の経営陣《けいえいじん》になってしまっています。そこがおかしいのです。

実際、一般的には、「敵対的買収」とは、M＆Aを受け入れる意思がなく交渉のテーブルにもつかない相手（現《げん》経営陣）に対して、話し合いなしに、または十分話し合わずにTOB《ティーオービー》（＝take-over bid テイク・オーバー・ビッド。企業買収のための株式公開買い付け制度）など強引《ごういん》な手法を使ってしかける企業買収です。

私はこれまで数多くのM＆Aに参画《さんかく》してきましたが、そのすべてが非・敵対的、すなわち友好的M＆Aでした。交渉のテーブルについたのは株主（経営陣《けいえいじん》も同席することもありましたが）でした。私は、敵対的M＆Aには反対ですし、会社を構成している人が幸せになるのが、M＆Aの本当の目的だと思っています。

しかし、「敵対的M＆A」ということばを使うとき、「だれに対して敵対的なのか」をもう一度、考え直してみる必要があります。

◆自己規律を持つことが大事

たとえば、新日本製鐵の純資産（株主資本）は、一兆六、七七九億円で、一株当たり純資産は二五三円（平成十八年三月期）です。簿価では一株二五三円のものが、見えない資産というのれん的なものである人気も含めて、市場では一株八〇〇円になっています。これほど株価が上がっているのは、買収されそうな確率《かくりつ》が何%かあるからです。たくさん株を買い集められるかもしれないとすると、人気も上がり、買う力のほうが強くなって株価は上がってきます。

これまで日本のほとんどの会社は、買収などない、という前提で経営してきました。だから株価は、簿価に近い値段だったのです。ところが、過半数の株を取りたいと思う人が出てくると、少しくらい高くなってもいいから市場から買おうという人が出てきます。

もしも、新日本製鐵が買収されるようなことがあれば、世界的なお金持ちに日本のほとんどの会社は買収されてしまうかもしれません。お金さえあれば会社を買えるのなら、世界一のお金持ちのビル・ゲイツさんは世界中の会社の株主になれます。

私はそうならないためには、単なる上から圧力を加えた規律ではなく、自分を律することができるような自己規律《じこきりつ》を、個人も国家も持たなければならないと思います。

第四章　「知の資産」は決算書に出てこない

1 純資産の膨らみは「見えない資産」

◆純資産の膨《ふく》らみの中身

二〇〇五年から二〇〇六年にかけて、日本中を騒がせたライブドアや村上ファンドの事件で、「企業価値《きぎょうかち》」ということばがいっぺんに一般の人々にまで浸透《しんとう》しました。

私の家内などもホリエモン(堀江貴文氏)が大写しになったテレビを見ながら、「議決権《ぎけつけん》って何?」と大いに関心を示していました。日本中が株式や企業価値について勉強して、「なんだかよくわからないけれども、企業価値を株数で割ったものが会社の一株の価値らしい」などということが、テレビを見ているだけでわかってしまいました。

その価値が、「簿価」なのか「時価」なのかはわかりませんが、人気で値段がついていることもわかってしまいました。純資産の「簿価」から始まって、「時価」になって、次に「見えない資産」があって、最後に「人気」まで入ったものが株価である、ということまでもわかってしまいました。そして、「人気」の前に「見えない資産」があるのがわかってしまえば、それで会計学の基礎はバッチリできあがったも同然です。

堀江氏の評価はいろいろでしょうが、日本人が企業価値について知らない間に勉強できてしまいました。純資産の簿価の膨《ふく》らみを、一連の出来事を通じて普通の人も「かなり」理解したのです。彼は、とにかくやって見せたのです。変な言い方ですが、その功績は大きいように思います。そういう意味だけでは、どんな会計学者よりも堀江氏は立派です。

さて、先にもチョット触れましたが、新日本製鐵の一株当たり純資産は三五〇円程度です。それが、市場では八〇〇円を超えています。この膨らみが、見えない資産です。信越化学の一株当たり純資産は二、七三二円です。市場では、七、〇〇〇円近い値がついています。「人気」を「見えない資産」に入れる人もいます。こういう人は人気こそが最大の見えない資産であり、所有している資産の含み益や含み損（時価）よりもはるかに大きいと言っています。

こうした膨らみ（見えない資産）を支えているのは、これまでの実績や将来への期待です。この先、純資産がもっと大きくなるであろうという期待が、人気を支えているのです。

◆純資産のしぼみの中身

膨らみがわかれば、しぼみもわかってきます。十数年前、新日本製鐵の株価は一〇〇円の時期がありました。この頃は、株価がしぼんでいたのです。

純資産の膨らみは見えない資産となりますが、純資産のしぼみ（マイナスの人気）は純資産を食うばい菌のようなものです。つまり、きちんと積み重ねて帳簿に記入していって三五〇円になっているのに、「それは違う」と市場が評価してしまうのです。今は、あまりそういう会社はありませんが、数年前まではそんな会社がたくさんありました。

マイナスの人気がついたら、「それは、なぜか？」と、まずは真摯《しんし》に考えることです。マイナスの人気の原因は、将来への不安です。人間は何でも心配事があると、必要以上に不安が膨らんできます。今、一〇〇円の値段がついているけれども、将来はもっと低くなるのではないか、という不安が大きくなると、さらに値段は下がります。

つまり、この資産のしぼみは、企業の将来に対する不信感《ふしんかん》や信用のなさ、簡単にいえばマイナスの見えない資産です。

ですから、もしも純資産のしぼみが出てきたら、今あるバランス・シートの決算数値に本当に問題はないかどうか、決算数値自体《じたい》がおかしいのではないかと、まずは考えてみるべきです。そして、将来、純資産が減ってしまうような原因が何かあるのではないか、と考えてみなければなりません。

しかし、私は、純資産はその帳簿価額が正しく表示されていることが、「企業価値」評価の九九・九九％を決める、と誰《だれ》よりも頑固《がんこ》に申しています。

純資産の「膨らみ」と「しぼみ」

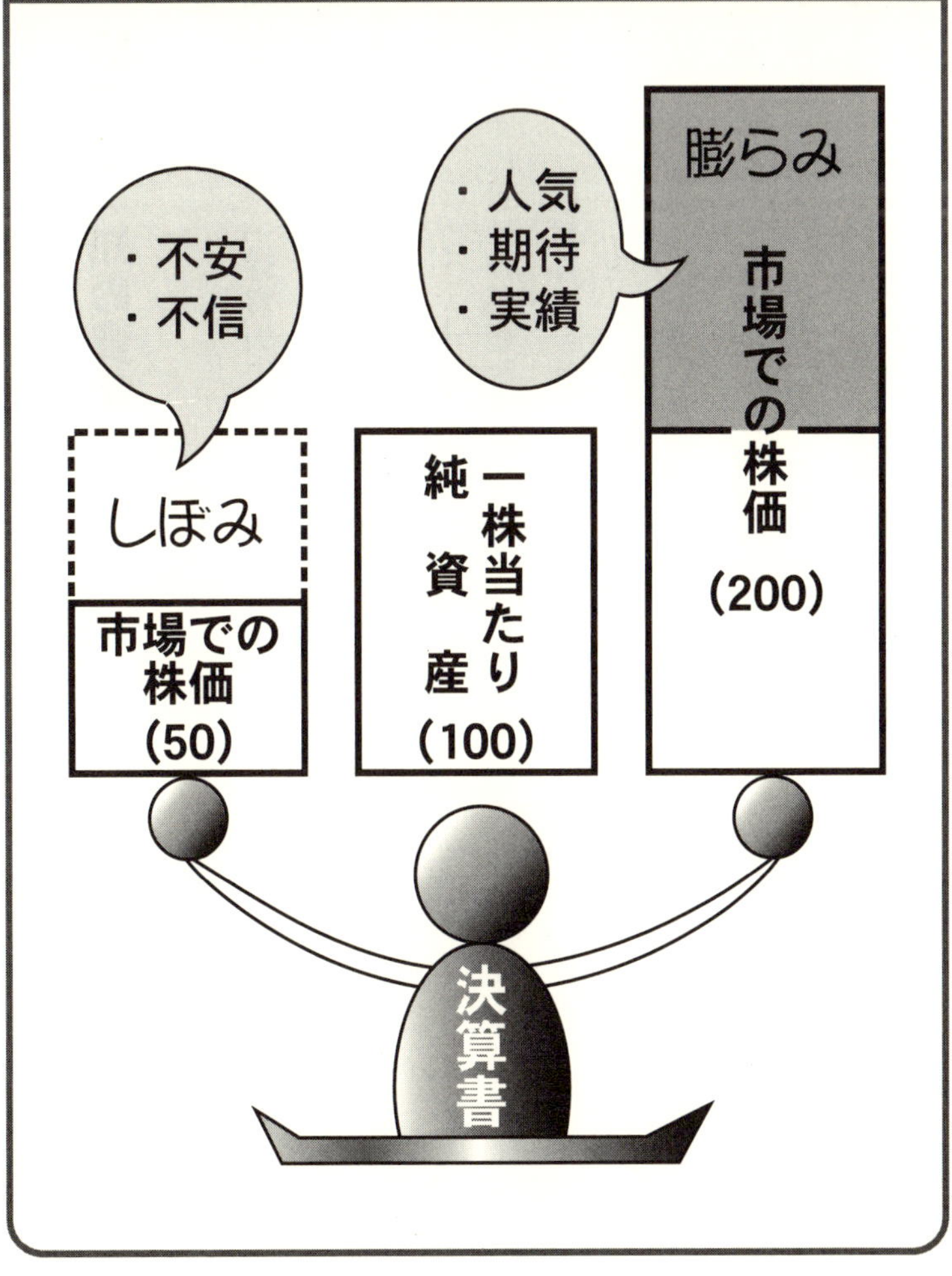

2 経営と「知の資産」

◆知の資産とは「経営力」

知の資産とは、見えないものを活用する経営力です。知の資産にはいろいろあります。中で一つ例をあげるとすれば、日々、行われる社長の瞬間的な事業的判断と実行の積み重ねこそが、最大の会社の目に見えない「知《ち》」です。たとえば、買収のとき、純資産の積み上げではなく、その会社の価値を探って突《つ》き止《と》める「勘《かん》」。これに基づく実行は、まさに「知の資産」です。これは今まで述べてきた「知的資産」とは違った「勘」です。

では、社長の「知」とはどこから出てくるのでしょうか。

「知」と一言で言っても、知力、能力、責任感、誠実さ、いろいろあります。それは、長年の経験の積み重ねの中から生まれてきます。もちろん生まれもった資質も必要です。しかし、いくら生まれつきの資質があっても、それは一所懸命努力しなければ出てきません。苦労して努力している長年の経験があればこそ、もって生まれた資質が伸びるのです。

そうした素晴らしい天性に加えて努力を重ねる社長が、おそらく日本中に三〇〇人くら

会社の経営と「知の資産」

見える資産

・資本金
・原材料
・機械装置
・製品
・売上

［決算書に載っている］

見えない資産

・人
・製造技術
・製造ノウハウ
・販売ノウハウ
・正確さ
・迅速さ
・誠実さ
⋮
etc

［決算書に載っていない］

↓

見えないものを
活用する経営力
（知の資産）

いいると思います。残りの多くの社長は、結局は「従業員の成れの果て」（言葉が悪くてすみません）で、誰がやっても実は同じだったりします。それが、普通の会社です（実はそれでよいのです）。だからこそ、素晴らしい経営者に勝る、「知の資産」はないのです。

セブン&アイ・ホールディングスのファウンダー（創立者）の伊藤雅俊名誉会長に、「どうして、これほど長く立派に会社を続けてこれたのですか」と伺ってみたことがあります。「私にはよくわかりませんが、それは鈴木（鈴木敏文セブン&アイ・ホールディングス会長）と私がいたから、と言われています」

伊藤名誉会長は、即答《そくとう》されました。さらに、私は知的資産のことを頭におきながら、「会社で何が一番大事ですか」と、伺ってみました。すると、「お客さんです」という答えです。私は、さらに「では、お客さんとはどういう方ですか」と聞いてみました。

「お客さんは品物を買わない人です。買わない人に買っていただく努力をするのが会社の経営であって、もともと買ってもらえる人に売るのは経営ではありません。当社の品物を買わない人がお客さんです」

こうしたお言葉が出るのも、実績があればこそです。やはり、最大の見えない資産は、優秀な経営者、優秀な社長です。まさに経営力のかたまりです。

3　インテグリティ（誠実さ）という崇高な「知」

◆厳しさと誠実さ

「人は自分が一番大事」と、私はいつも言っています。自分を大事にしながら、お互いに相手に対する誠実さが〇・一パーセントでも上回《うわまわ》るように行動していくことで、お互いがうまくいくのだと思います。

買収のときも同じです。ギリギリまで自分を大事にして突っ走って、ときには相手を完《かん》膚《ぷ》なきまでにやっつけてしまうことがないようにします。その底に「誠実さ」がなければ、いつか必ずしっぺ返しがきます。騙《だま》されてしまうのです。

英語で誠実さのことを「インテグリティ」と言います。インテグリティとは、一つのことを、①いつでも、②どこでも、③誰にでも、同じように述べることです。

「厳しいことを言ってくるが、この会社は安心で信用できる」と、折衝相手が思うような行動をとるには、インテグリティがなければなりません。

たとえば、部下を叱りつけ、怒鳴《どな》りつけ、厳しい仕事を強《し》いるような上司であっても、その人のベースにインテグリティがあれば、その当座は文句や陰口《かげぐち》を叩《たた》いていても、長い間には尊敬すべき上司だと思えます。私はそうした上司にたくさん巡《めぐ》り会《あ》ってきました。人も会社も同じです。信用できる、尊敬できると相手に思わせるものは、最終的には徹底《てってい》した真面目《まじめ》さなのです。

◆誠実さが信用と安心を生む

私がまだ課長だった頃、あるアメリカの買収最中の会社から、親睦会《しんぼくかい》のパーティに誘《さそ》われたことがありました。私は気が進まなかったのですが、当時の小田切社長の進めもあって一人で参加しました。私は英語が大の苦手ですから、ただあいさつをして、バーベキューを食べて帰ってきただけでした。買収後、先方は次のように言いました。

「一見まじめ風の日本人があらわれてバーベキューを食べていっただけで、われわれは安心しました」

社交辞令《しゃこうじれい》かもしれませんが、ベースにあるのはそうした会社の風土なのです。

振り返ってみると、信越化学が買収した会社の工場は、アメリカの会社もヨーロッパの会社もオーストラリアの会社も、すべて田舎にある会社ばかりでした。都会にある会社は一社もありません。そうした地域の人と会社は、どこも本当に誠実です。

誠実さが要求されるのは、買収する側ばかりではありません。買収する側もされる側も、共に従業員（経営者を含んだ）が誠実であったとき、はじめて本当によいM＆Aが実現できます。

資本の論理《ろんり》、お金の論理だけで動いたのでは成功はむずかしいと、私は思います。お金の論理だけでいけば、純資産の金額です。時価という膨らみの上に人気があります。人気の中には、「誠実さ」が入っていると思うのです。

誠実さの入っていない人気は、ちょっとつつけば破裂《はれつ》してしまう、まさにバブルのようなものです。インテグリティが世界中の国家・社会・宗教を越えて重視される由縁《ゆえん》です。

4 見えない技術・ノウハウという「知」

◆本当に大事な技術は特許をとらない

一株当たりの純資産簿価と株価は一致しません。一致することはありえないのです。それは、時価主義と見えない資産と人気があるからです。そのことは、ここまでいろいろお話してきました。

たとえば、技術も見えない価値の一つです。特許をとれば見える価値となり、バランス・シートの「無形固定資産」に載ります。しかし、本当にいい技術をもっていても、特許をとっていない会社がたくさんあります。特許をとれば公開しなければなりませんから、本当にいい技術があって、特許をとらない会社が、ある意味では本当にいい会社です。

私は、一九七六年にアメリカで買収チームに参加していたとき、当時社長であった小田切新太郎さんに命じられて、勉強のために、日本で会社を二社訪《たず》ねました。一社はキッコーマン、もう一社はＹＫＫ（当時の吉田工業）です。

キッコーマンは、海外で成功した日本企業のパイオニアです。そこで聞いたのは、「大事な技術は教えません」ということでした。私は特許の話は素人だからよくわからなかったのですが、こういう技術が、本当に貴重な見えない資産なのです。

ＹＫＫに行ったら、海外の会社の経理・財務パーソンはほとんどが日本人、ということでした。今はわかりませんが、こうしたノウハウや経験の蓄積《ちくせき》も、貴重《きちょう》な「目に見えない資産」です。

私は経理・財務が長かったもので、歴代の人事担当役員に「新入社員は、入社後全員いったん経理・財務に配属してほしい」と提案し続けてきました。私の在任中はこの提案は受け入れられませんでしたが、三年ほど前から金川千尋社長の方針で「新入社員は全員経理・財務に配属」になったそうです。全員といっても、事務系の新卒採用人数は数人です。一一年連続の増収増益《ぞうしゅうぞうえき》を続け、グループ一万八、〇〇〇人（国内九、〇〇〇人、海外九、〇〇〇人）の規模の会社なのに、この手堅さです。これも、また見えない資産です。

そして、決算書に載らない最大の見えない資産は「人」なのです。

そのことは次項でさらにお話していきます。

5 人という最大の見えない「知」

◆人間はバランス・シートに載っていない！

経理・財務で使うことばに、「決算書の内《うち》」「決算書の外《そと》」ということばがあります。

「決算書の内《うち》」は、純資産の簿価です。

「決算書の外《そと》」には、いろいろなものがあります。

売り先であるお客さん。仕入先《しいれさき》であるお客さん（仕入先も一種のお客さんと考えます）。地域社会、株主……。いろいろありますが、社会と会社の中の純資産を結《むす》び付《つ》けているのは、すべてこうした人々、つまり人間です。そして、忘れてならないのが、経営者や従業員といった会社で働く人々です。

前にもお話しましたが、どれほど優秀な人が会社にいても、バランス・シートには載りません。つまり、いちばん大事な人間は「決算書の外」にあります。

「決算書の内」を考えるのが簿記（私のことばではブキ＝Book－Keeping＝Bu－Ki＝決算書－経営）です。

「決算書の内」に九九・九パーセントの軸足を置きながら、残りの〇・一パーセントである「決算書の外」が非常に大事です。残りの〇・一パーセントの主役は「人」です。人と人とのつながり、心と心のつながりといったものです。握手も手と腕を通した心と心のつながりです。

これをわかっている人や会社が、信頼を得て、存続し続けます。

6 原材料の調達という「知」

◆M&Aで原材料供給を確保した話

私の属していた会社では、オーストラリアの原料供給企業を買った経験があります。この会社はドイツの銀行の一〇〇%子会社で、一〇〇億円の借入があり、毎年一〇億円の赤字を出し、累積の損失は約一〇〇億円もありました。しかも、従業員二〇〇名の会社で経理が七人もいました。ただし、良い原料が調達《ちょうたつ》できることは確かでした。

こうした会社を買うことは、本来間違っています。お金をもってきてくれるのなら、そのお金で買ってもよい、というくらいの案件です。そこで、考えたのが次のようなやりかたです。

まず、一〇〇%の持分をドイツの銀行から一ドルで買うことにしました。一〇〇%子会社になったとたんに、二五億円を増資し、日本の銀行から二五億円を借り入れました。

これで、買収した会社の中に五〇億円のお金ができます。その五〇億円をドイツの銀行への返済に充て、この返済を受けてドイツの銀行に残りの五〇億円の債権放棄《さいけんほうき》をしてもらったのです。こうして借金がなくなったところで、合理化《ごうりか》に入り会社は再建しました。

この買収によって、原料供給元《きょうきゅうもと》を確保できたことは会社にとってとても大きなことでした。原材料供給という「知」を、手に入れることができたのです。

コラム　純資産経営で、個人も会社も国もよくなる

◆ミクロとマクロはつながっている

世の中で経済学者や経済評論家と呼ばれる人は、マクロ経済を大事にします。そういう人たちは、会社経営を経験した人はあまりいません。逆に会社経営を経験している人は、マクロ経済がわかりません。だから、ミクロの経営を中心に考えます。

しかし、私はミクロを中心に研究し、そのミクロとマクロをつなぐことが大事だと思っています。

家庭やお店や会社の純資産が向上すれば、それは国家経済の進展《しんてん》につながります。人々や会社が汗水流して利益を上げて、税金を納めることで国の財政が回っています。人はほんの少しでも家庭の純資産のさらなる向上を目指して働いていきます。純資産は累計です。少しでも余分に蓄積していれば、病気になったときは純資産を使って身体をよくすることができます。そのために、貯金をしているのです。

これは、個人も会社も国も全く同じです。人生も経済もいいときばかりではありません。好調のときもあれば、不調のときもあります。とくに会社の経営は、黒字のときよりも赤字のときのほうが多いくらいです。不調のときに、いかに耐《た》えることができるか。個人での手術が必要であれば、そのお金を出すことができるか。これまでの蓄積（純資産）のありがたさを痛感《つうかん》するのは、そんなときです。

儲け（利益）は一年限りのものです。

目先の儲けや損失《そんしつ》ではなく、純資産をどうしたらいいか。それを、家庭の構成員であるお父さん、お母さん、娘さん、息子さん、おじいさん、おばあさん、みんなが個人で考えることです。

家庭の経営、個人の経営、お店の経営、会社の経営、学校の経営、病院の経営、地方公共団体の経営、国家の経営、みんなが純資産を大事にする経営をしていくことで、よい家庭、よい会社、よい国家、よい世界へとつながっていくのです。

第五章　これだけは知っておきたい！

「会計力」を高める「現場数字」

1 純資産比率が主役に躍り出る

◆負債を減らして、資産を増やす

会社の経営状態の良し悪しを見る重要な指標に「自己資本比率《じこしほんひりつ》」（＝自己資本（純資産）÷資産）があります。自己資本とは純資産のことですから、今後は純資産比率と呼ぶほうがいいでしょう。

「会社を評価する数字を一つあげるとすると何ですか」と問われれば、私は即座《そくざ》にこの数字をあげます。会社の中に入ってきたお金の中で、基本的に返さなくてもいいお金（純資産）がどのくらいあるかを示す数字です。

純資産比率が三〇％以上、つまり元手が三割以上で借金（負債）が七割未満であれば、その会社は優良と考えられています。かつて私が属していた会社は七〇％ほどあります。

資本金は一円でもいいので、純資産比率の高い会社は、利益を着実に上げて、それをたくさん貯めている会社で、よい経営をしている基礎体力の高い会社です。逆に純資産比率の低い会社は、利益を上げることができず、借金をたくさん抱えている会社です。

純資産比率と株主資本配当率

$$\text{純資産比率(\%)（自己資本比率）} = \frac{\text{純資産}}{\text{資　産}} > 30\%$$

$$\text{株主資本配当率(\%)} = \frac{\text{配　当}}{\text{株主資本}}$$

$$= \frac{\text{純利益}}{\text{株主資本}} \times \frac{\text{配　当}}{\text{純利益}}$$

ROE(株主資本純利益率)…160ページで説明！

株主資本＝元手＋剰余累計
　　　　＝株主からの出資＋純利益の蓄積

前にもお話しましたが、資産と純資産を大きくしていくのが経営です。

純資産は大きければ大きいほどいいのです。負債が減って資産が増えれば、純資産は大きくなります。負債が減らなくても、資産が増えれば純資産は大きくなります。負債がゼロになれば（つまり借金がなくなれば）、純資産比率一〇〇パーセントです。いわゆる無借金経営です。そうなると、資産が増えた分だけ純資産が増えます。

なお、金融機関や商社など商業を行っている会社は、資産や負債が他の業種に比べてとても大きくなります。

バブル崩壊後、金融危機が叫ばれた頃、BIS基準《ビーアイエスきじゅん》（自己資本比率規制）に日本の銀行が届《とど》かないと大騒ぎになったことがありました。金融機関が国際的に取引をしていいとされている自己資本比率は八パーセントです。銀行であれば、一〇パーセントあれば優良銀行です。

純資産比率が主役に躍《おど》り出《で》ると同時に、助演役に躍り出るのが、プロローグでお話した「株主資本配当率」です。

純資産や株主資本が、「企業価値」評価のど真《ま》ん中《なか》にやってきたのです。

◆資産超過と負債超過

資産が負債よりも大きいことを資産超過《しさんちょうか》と言います。純資産比率は、資産超過を前提とした数字です。純資産比率は高ければ、高いほどいい会社です。

逆に借金（負債）がどんどん増えてしまって、資産よりも負債のほうが大きくなると負債超過です。一般的には債務超過《さいむちょうか》と呼ばれますが、私はこう呼んでいます。負債超過《ふさいちょうか》の会社には、純資産はありません。このとき、純資産はマイナスになっています。

負債がどんどん増えていくとき、赤字になって利益はマイナスになり、利益剰余金が減っていきます。どんどん赤字が大きくなって、利益剰余金をすべて食いつぶすと、次に資本剰余金を食いつぶし、最後に資本金まで食いつぶしてしまうのです。

負債超過になると、会社の資産を全部売っても借金（負債）が返せません。このとき、株主には何も返ってきませんが、残った借金の責任までは負いません（有限責任）。

負債超過になった会社にお金を貸していた銀行などは、借金が返ってこなくなるので大変です。売掛金があった取引先も大変です。代金が全額回収できなくなります。

そんなことにならないように、いつも資産超過になる経営を実行し、純資産を大事にしていかなければなりません。

2 相続税に株価計算（純資産時価評価）の基礎がある

◆相続税法による株価（時価）の算定方法とは？

会社経営を行っていく上での日本の法律は、大きく「会社法」「金融商品取引法（証券取引法）」「税法」の三つがあります。この三つを「会計法規」とか「経理三法」と言ったりします。企業価値や株価を考えるときも、この三つを頭におきます。

不思議なことに、株価の算定の仕方が書かれているのは、相続税法《そうぞくぜいほう》なのです。株式を持っている人が亡くなったとき、相続人への株式の相続が発生します。そのとき、税務署が「この株価の価値はいくらです。それに何パーセントの税率を掛けて相続税を納《おさ》めなさい」となるのです。国税庁が決めた、相続税の定めによって株の価値を決めます。

日本では、一〇年ほど前まで、会社を買収するときの株価もこの方式で決めていました。

ところが私の経験では、三〇年ほど前から、アメリカではそうではありませんでした。株価は、今度株主になろうとしている人と、いま株式を持っている人との間の折衝で決めていました。

日本では、約六〇年前の第二次世界大戦の直後にできた相続税法の考え方が、今でも生きています。

旧態依然《きゅうたいいぜん》としたものであるように感じますが、まんざら捨てたものでもありません。相続税法は日本の法律ではありますが、日本人だけで考えたものではなくて、世界中のいろいろな国の知恵が合わさってできたものです。

ですから、この相続税法は、純資産はいくらであるべきか、株の価値はいくらであるべきかを考えるときとても参考になります。今でも、かなり生きているのです。

実際、株価の折衝をするときも、「相続税方式で株価を計算すると……」というセリフをけっこう使えて便利なのです。

相続税法に基づく純資産の時価の計算は極《きわ》めて簡単です。

純資産（資産－負債）が一五〇円で発行している株数が一〇株だとすれば、一株当たり一五円です。つまり、これまでお話してきた簿価での一株当たり純資産です。このとき、資産の中に、時価がある土地や株や建物などがあれば時価を加味《かみ》するのも同じです。この方法は、「純資産評価方式」と呼ばれています。

もう一つ、「類似業種比準方式《るいじぎょうしゅひじゅんほうしき》」という計算法があります。ことばはむずかしいですが、内容はそうむずかしくはありません。同じ業種の会社（類似業種）の株式の価値と比較して、一株当たりの価格を計算するのです。しかもありがたいことに、比較（比準）する類似業種の会社は、業種ごとに国税庁が決めていますから、この業種ならいくらという株価が決まっています。それを決められた算式に入れていけば、株価が出てきます。

もう一つ、「配当還元方式」がありますが、これはほとんど使われていません。二年間の平均配当額を配当率で割って求めます。次ページの図表を見てください。

◆「純資産（時価）評価方式」で株価を計算する

この三つの中で、一番妥当なのは、最初にあげた「純資産評価方式」です。法人税法には、こうした規定がないので相続税法の考え方を参考にするのです。また、税法にとらわれなくても、こうした相続税法上の考え方は、平素の経営の中で大いに参考になります。

実際に、相続が発生した場合は、上場していない会社で小さな会社の場合は、ほとんどの場合は、「純資産（時価）評価方式」をとります。

ところが、大きな会社の株を持っている場合もあります。たとえば、松下幸之助さんは松下電器の株を持っていましたが、これを純資産評価方式で計算すると、相続税がとても安くなります。上場していて、人気がついているからです。国税庁は、できるだけ相続税

純資産評価などの算定方法

①　純資産評価方式（最も妥当！）

〔算　式〕

売買のときは出てこない

$$評価額＝\frac{資産－負債－清算所得に対する法人税等}{株　　式　　数}$$

（注）清算所得に対する法人税等＝資産の評価益(時価－帳簿価額)×42％
これらの算式は，相続税法で決まっています。法人税法では，このような規定がないので，この考え方を参考にします。

②　類似業種比準方式のおおむね

〔算　式〕

$$評価額＝\left(A\times\frac{\frac{Ⓑ}{B}+\frac{Ⓒ}{C}\times 3+\frac{Ⓓ}{D}}{5}\right)\times\begin{cases}小企業の場合0.5\\ 中企業の場合0.6\\ 大企業の場合0.7\end{cases}$$

（注）

A…………株　　　価（類似業種の）
B…………配　当　額（類似業種の１株当たりの）
C…………年 純 利 益（類似業種の１株当たりの）
D…………純　資　産（類似業種の１株当たりの）
ⒷⒸⒹ…評価会社のもので内容は上のものと同じ

③　配当還元評価方式（ほとんど使われない）

〔算　式〕

$$評価額＝\frac{２年間の平均配当額}{10\%(=0.1)}$$

をたくさんとりたいので高いほうで評価します。ですから、上場会社は間違いなく、「類似業種比準方式」をとります。

　同じ業種は同じような株価の動き方をするとは限りませんから、M&Aなどでこの方式を使うことは考えられません。しかし、株価収益率《かぶかしゅうえきりつ》（株価÷一株当たり純利益。株価が一株当たり純利益の何倍であるかで、私は株価純利益率と言っています）が業種別に同じ傾向にあるということは言える場合があるので、これはM&Aの場合に参考になります。

なお、ここで大事な横道に入ります。上場株式の現在の株価の水準をあらわすのが前述の株価収益率、いわゆるPER（株価純利益率＝Price Earning Patio）という考え方です。

　これは、たとえば電器業界の株価（たとえば一、〇〇〇円／一株）が、一株当たり純利益（五〇円／一株）の二〇倍まで買われているとします。そのとき、「PERは二〇倍である」と言います。

　さて、ある（電気業で非上場の）会社の一株当たりの純利益が三〇円の場合を考えます。この三〇円に、業界平均のPER二〇倍を掛けた六〇〇円／一株が、この会社の妥当な株価の目安と、世界中で考えられています。

株価純利益率（ＰＥＲ）で見る株価の目安

$$株価純利益率（ＰＥＲ）=\frac{株価}{１株当たり純利益}$$

例 株価1,000円，１株当たり純利益50円の会社の場合「ＰＥＲは20倍（1,000÷50）である」となる。

１株当たり純利益 × **業界平均ＰＥＲ**

↓

妥当な株価の目安と考えられている

例 業界平均ＰＥＲが20倍で，１株当たり純利益30円の会社の場合「妥当な株価の目安は，600円」と考える。

3　純資産純利益率で利益の効率性を見る

◆自前のお金でどれだけ儲けたか？

「当期純利益」を「純資産」で割ったものが、「純資産純利益率」です。

簡単に言えば、純資産と当期純利益の比率のことで、自前《じまえ》のお金（純資産）で、一年間にどれだけ純利益を上げたかを見る指標です。

この数字は、企業活動の最も基本的な活動の効率を測るものです。これまで頑張って利益剰余金を貯めてきた会社が、なんとかその貯金を守ろうと守りに入ると、純資産の割に純利益が少なくなってきます。そうすると活気がなくなり、徐々に資産も縮《ちぢ》みがち、しぼみがちになります。

私は、「純資産純利益率」一〇パーセント超を目指すのがよいと思います。

なお、この純資産純利益と後述するROE（株主資本純利益率）は、ほぼ同じと考えてよいのです。ただ、ROEの分母の株主資本の定義はチョッとわかりにくいので、純資産純利益率もおすすめです。

純資産純利益率は 10%超

$$純資産純利益率(\%)=\frac{純利益(B)}{純資産(A)}>10\%$$

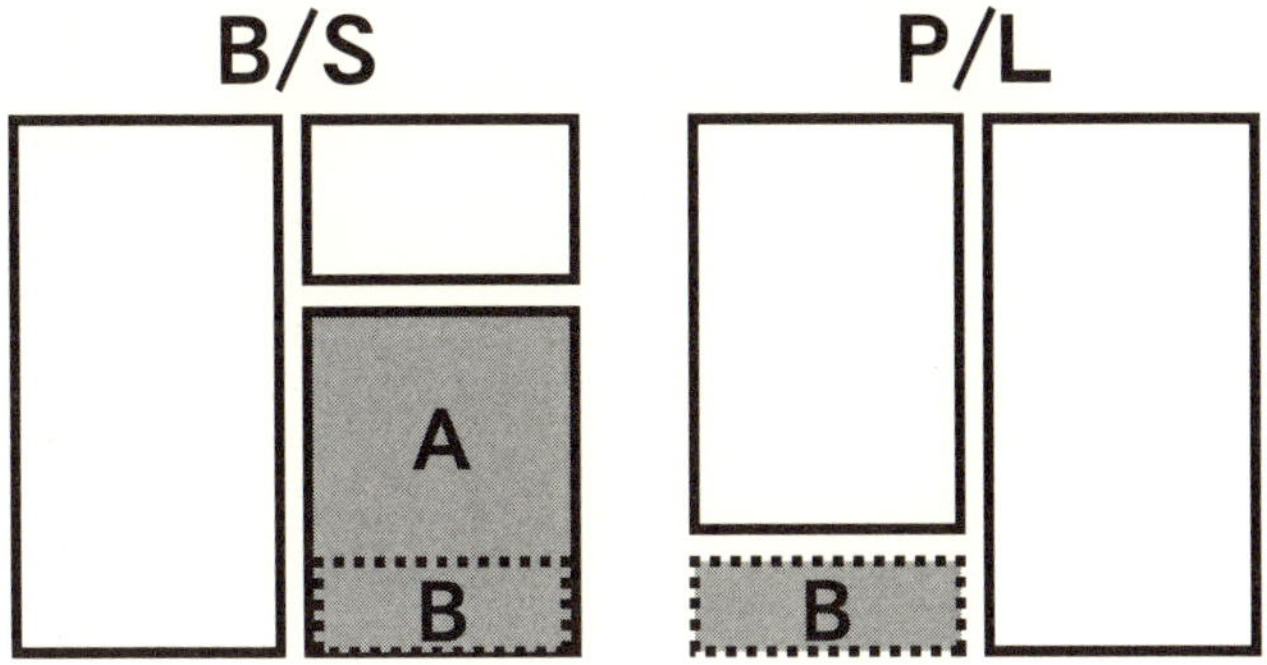

利益；売上総利益
　　　営業利益
　　　経常利益
　　　当期純利益(B)

（注）当期純利益Bは B/S と P/L にあらわれる！

4 純資産回転率で売上の効率性を見る

◆効率よく元手を使って売上を上げたか？

「売上高」を「純資産」で割ったものが、「純資産回転率」です。

売上を上げるのに、どれだけ効率よく純資産が使われたかを示す指標《しひょう》です。売上を獲得《かくとく》するために何回純資産を使ったかを見ます。

純資産が一定期間にどれだけ効率よく使われたか（回転したか）を示す指標で、回転が多いほど効率がよいのです。

たとえば、純資産一〇〇円の会社が三〇〇円の売上を上げれば、回転率は三回転です。同じ三〇〇円の売上高でも純資産が二〇〇円の会社であれば、回転率は一・五回転です。少ない元手（純資産）でたくさんの売上を上げたほうが、効率のよい経営をしているのです。

私は純資産回転率は、二回転（二〇〇％）超がよいと思います。

純資産回転率は200％超を目指す

$$\text{純資産回転率(\%)} = \frac{\text{売上高(B)}}{\text{純資産(A)}} > 200\%$$

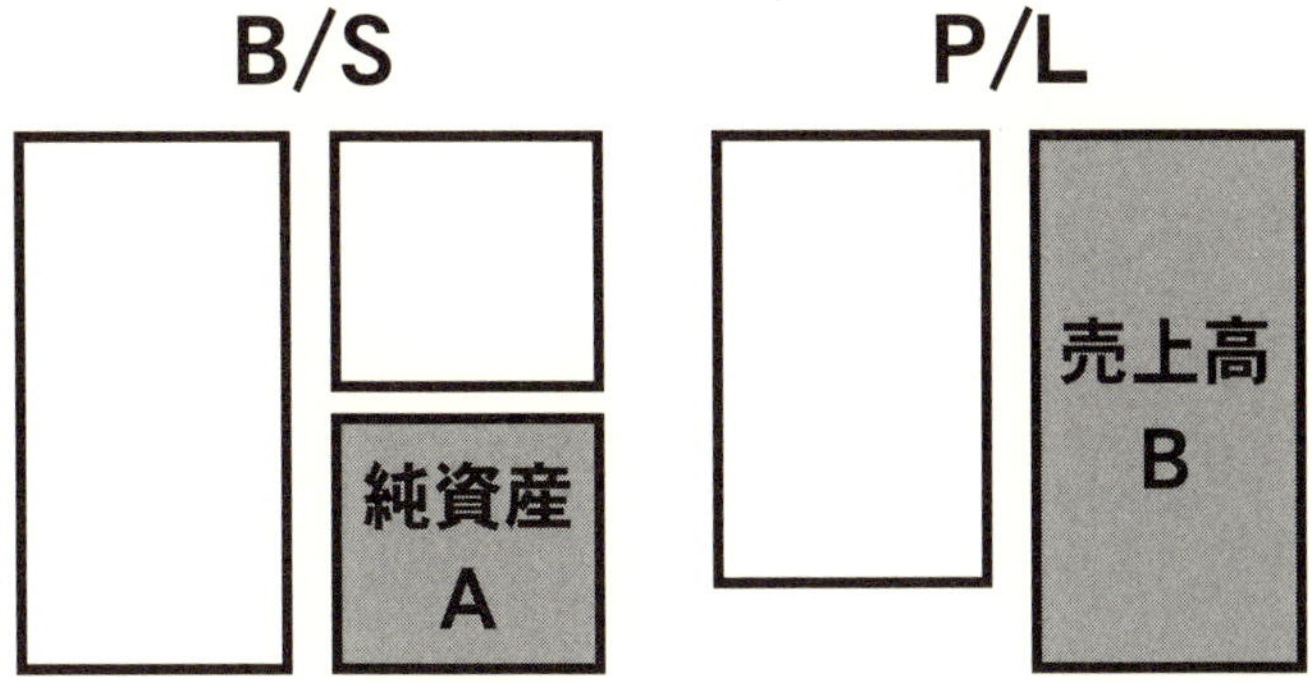

5 純資産増加率で会社の成長性を見る

◆順調に純資産は大きくなっているか？

「当期の純資産」を「前期の純資産」で割ったものが、「純資産増加率」です。

これは、会社の成長性を見る指標です。売上高が順調に大きくなっていることを前提に、純資産増加率が大きければ、会社は順調です。

ただし、売上高が伸びていないのに、純資産が大きくなっているときは要注意《ようちゅうい》です。増資によって増えているときは、その目的をしっかり調べます。

純資産が増加していても、負債がもっと増加していることもあります。そうしたときは利益は増えていても、お金の回り（キャッシュフロー）が悪く、借入れを増やしている場合があります。

成長性を見るときは、売上高増加率〔当期売上高÷前期売上高〕や売上高利益率とあわせて見るとよいでしょう。

純資産増加率

$$\text{純資産増加率(\%)} = \frac{\text{当期の純資産(B)}}{\text{前期の純資産(A)}}$$

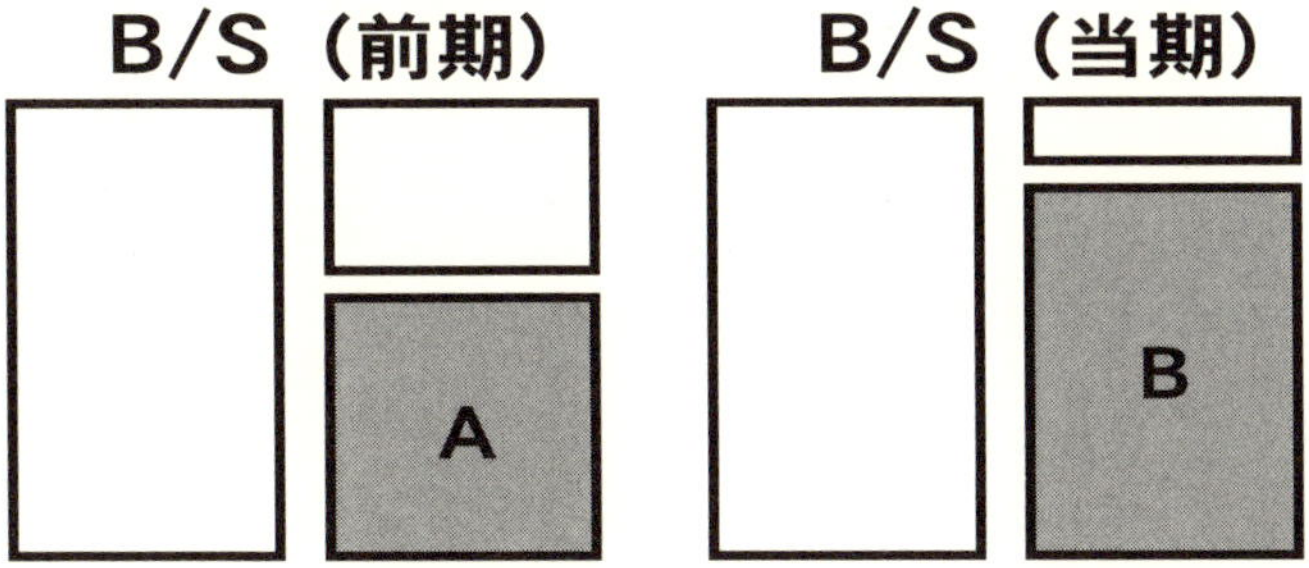

純資産が増える増資にも注目せよ！

6 株主・投資家が注目するROEとは？

◆効率よく元手を使って純利益を上げているか？

ROE（Return on Equity）は株主資本当期純利益率のことです。当期純利益を株主資本（つまり純資産）で割ったものです。新聞やテレビのニュースなどによく登場することばなので、聞いたことがある人も多いと思います。

株主資本（＝純資産）を使って、どれだけ効率よく純利益を上げているかを示す指標です。同じ利益を上げるにも、少ない純資産でたくさんの純利益を上げたほうが効率はよくなります。この比率が高ければたくさん配当ができるので、株主から喜《よろこ》ばれ、投資家からの評価も高くなります。

私は、日本の会社であれば、一〇％（米国は二〇％）超がよいと思います。

なお、厳密《げんみつ》に言うと、純資産と株主資本はチョッと違うのですが、このことは気にせずに、この本では純資産＝《イコール》株主資本であるとして話をしてきました。これからもそう話していきます。

ROE（株主資本利益率）は10％超

$$\text{ROE}(\%) = \frac{\text{当期純利益(B)}}{\text{株主資本(A)}} > 10\%$$

（株主資本純利益率）

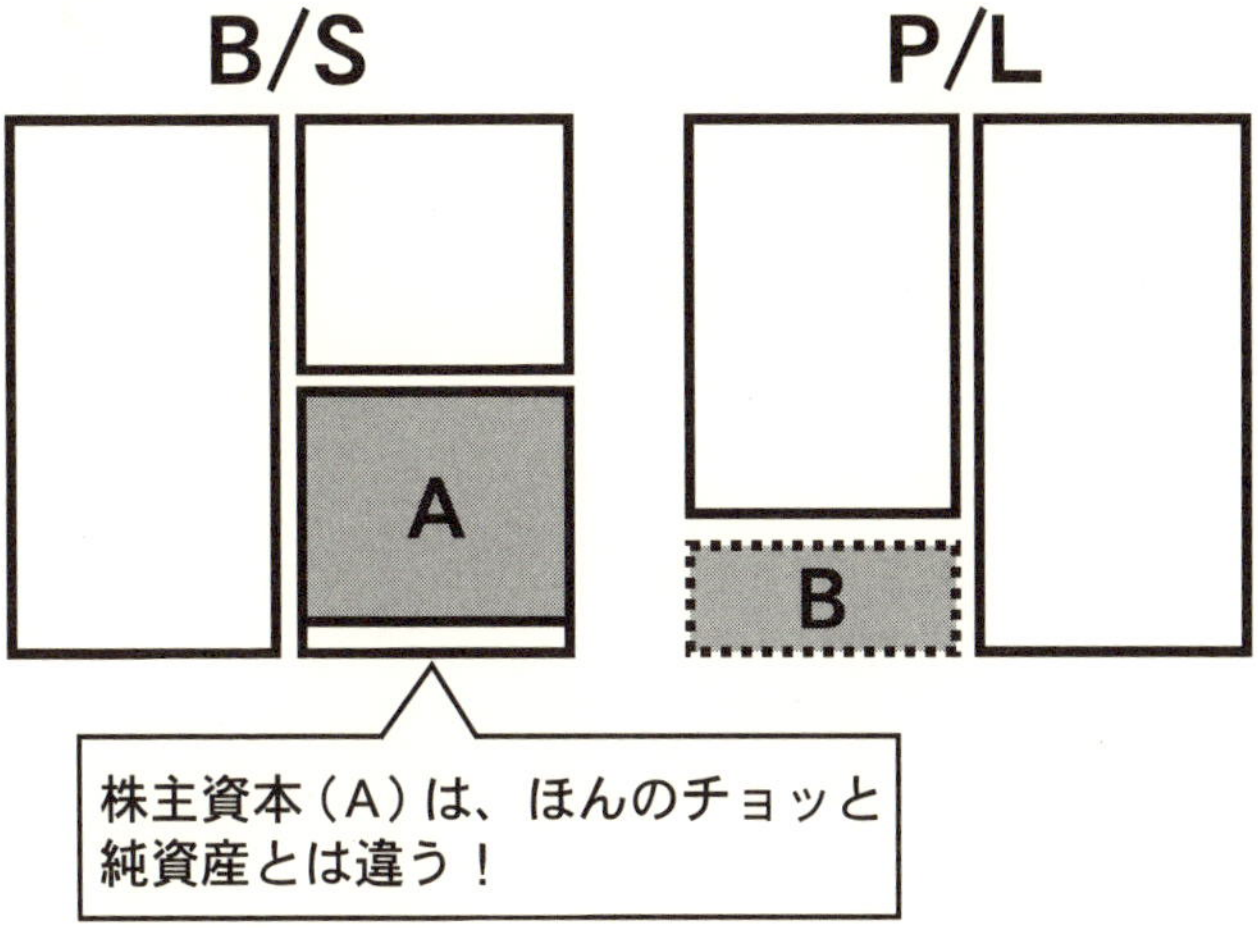
B/S
P/L
A
B
株主資本（A）は、ほんのチョッと
純資産とは違う！

7 三つの経営力とプラス1《ワン》

◆累計純利益と当期純利益の増加

会社やお店の経営者は、何を目指すのか、と言えば、それは「持続的な純資産の増加」です。

ただやみくもに増加だけを目指しても、四年目までは増加したけれども、五年目に大大大赤字を出して減少してしまうことがあります。そうしたことがないように、常に増加を目指します。

純資産純利益率のところで、一〇%超を目指すとしましたが、実は、最低純利益が一円でもかまいません。常に利益を上げ、増加していることが大事なのです。

同時に、次期の純利益の増加を目指します。これまで、いくらたくさん溜《た》めた利益剰余金があっても、「一年くらいマイナスになってもいいや」では困ります。純資産で一番大事なのは、ここです。

純資産から配当するようになると、当期が赤字になっても配当して、株価だけが高くなることがあります。一時の多くのＩＴ企業がそうでした。しかし、よく考えてみると、一年間の努力の結晶である当期純利益が継続的に上がる会社が、本当に望ましいのです。

ですから、やはり純資産（利益剰余金）という累計《るいけい》も大事ですが、同時に当期純利益も大事にしなければなりません。

◆三つの「経営力」プラス１《ワン》を身につける

純資産を増加させて、同時に純利益も増加させるには「経営力」が必要です。

経営力には、次の三つあります。

①事業力――販売・製造・研究開発・Ｍ＆Ａといった会社の外からお金をいただいてくる仕事人を大事にする力です。

②「ブキ[bu－ki]力」（決算書－経営）――決算書を大事にする経営です。見えない資産やブランドに頼って経営せずに、九九％決算書で経営していくことです。なにしろ会社は決算書が正しく書かれているという前提で動いています。どんなに大きな会社でも、嘘《うそ》の決算書をつくるような会社は社会から「レッドカード」を出されます。

③契約力――超一流《ちょういちりゅう》の専門家を使いこなす会社・人の力です。ことばは悪いのですが、極めて有能な専門家である弁護士や会計士を「襟首《えりくび》を持って遠心力《えんしんりょく》で振り回す」ように使

いまくれる実力です。特に、海外では海外の専門家を使いこなす力が必要です。ただし専門家の過大評価は禁物です。

これまで述べた①②③の経営力にプラス1《ワン》として、資金調達力が必要です。私は、無借金経営を目指すことはよいとしても、金融機関からの信頼を受ける資金調達力の主役として、シンジケート・ローン（協調融資）を推進しております。

◆シンジケート・ローン（協調融資）の調達力が示すプラス1《ワン》の経営力

これまで長い間、日本の銀行は、「土地」という担保《たんぽ》でお金を貸してきました。バブル崩壊で地価が下落して、銀行経営が危機に立たされたのはついこの前の話です。

日本の銀行は、これまで次のような担保の順番でお金を貸してきました。

①土地
②工場財団（工場の土地建物、機械など）
③社長の個人保証
④在庫
⑤売掛金

ところがアメリカ企業での担保は順序が全く逆です。

経営力シンジケート・ローン

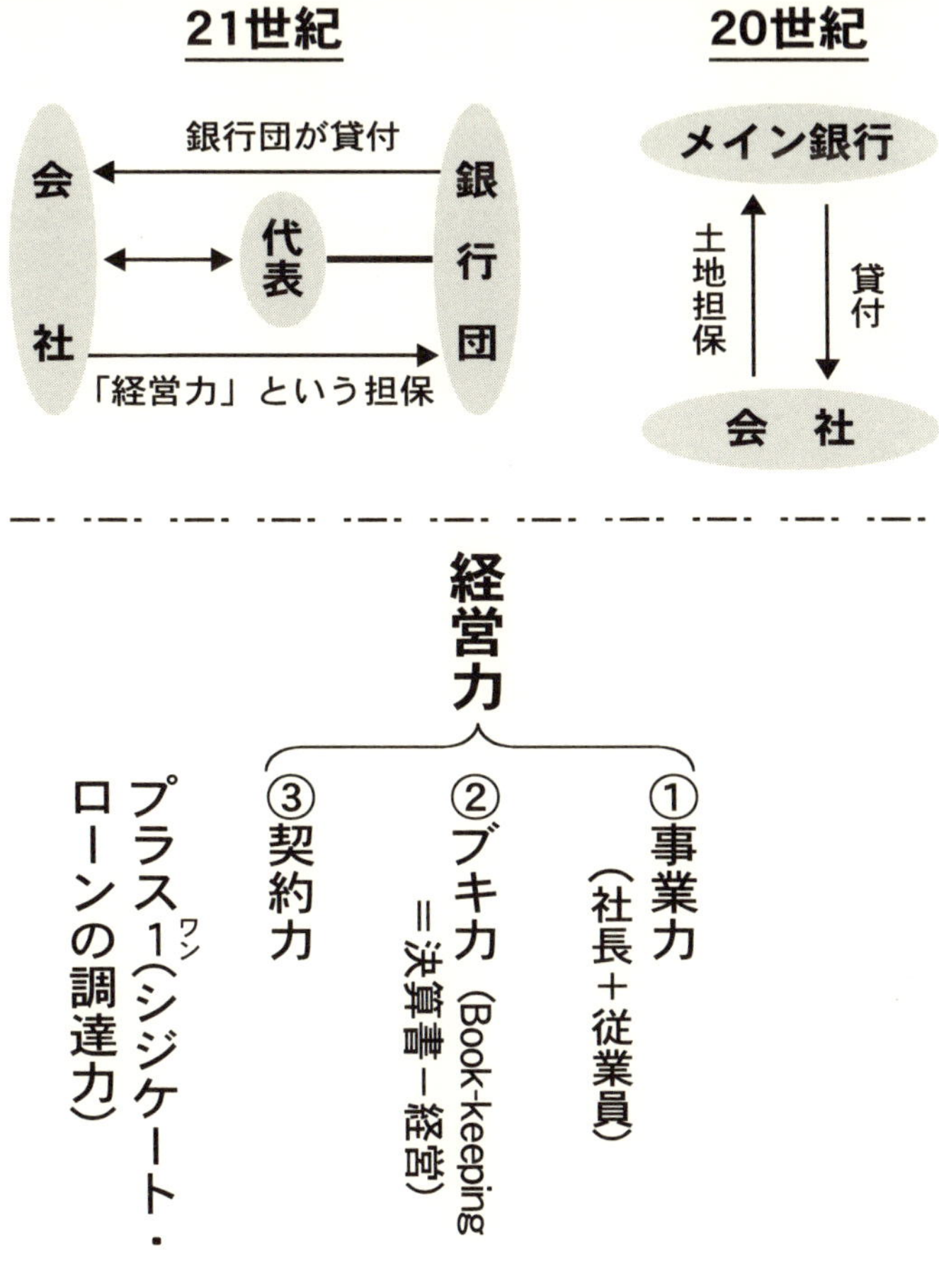

①売掛金
②在庫
③個人保証
④工場
⑤土地

このうち、③以下は、実はあまり行われていません。個人保証《こじんほしょう》は人権侵害《じんけんしんがい》である、と訴えられる恐れがあります。動いている工場は日本のような工場財団《こうじょうざいだん》として評価されません。また、土地はほとんど価値がないのです。

こうした担保ではなくて、社長の経営力を大きな担保と見なして、いくつかの銀行団がシンジケートを組んでお金を融資《ゆうし》しようという動きが日本でもかなり出てきました。

このとき、銀行がリスクを踏《ふ》むのは「人」、すなわち経営者・従業員に対してです。シンジケート・ローンの採用は、バランス・シートには載っていない「経営力」という価値を会社が有していることを示しています。

◆経営力を支える「正確さ」「迅速さ」「誠実さ」を大事にする

若い頃から、三つの経営力プラス1《ワン》の重要性をしっかり心しておくといいと思います。

たとえば、私は若い頃、会計伝票ばかり書いていたことがありました。そのとき、自分のやっている仕事の意味がよくわかりませんでした。毎日、数量×単価の金額を正しく伝票に記入していくことで、会社の決算書が最終的に信頼《しんらい》あるものになっているのだということに気づいたのは、随分《ずいぶん》あとになってからでした。これが、「ブキ力」（＝Book－Keeping＝決算書－経営）の力でした。

事業部門（販売・製造・研究・M＆A）中心の事業力が一番大事ですから、経理・財務の仕事はほんのわずかなものです。世の中にある経理・財務が威張っている会社で、いい会社はありません。

ただし、一つだけ大事な仕事があります。それは、会社の財産の保全《ほぜん》です。まず、自分が会社の財産を傷《きず》つけるようなことをしない自己規律が必要です。そして、もしも会社の財産を危うくするような行動がどこかにあれば、たとえそれが社長であっても許してはなりません。極論《きょくろん》すると、それだけが、経理・財務の仕事なのです。

そうしたことを、新入社員からトップまで、会社のすべての人々がわかっていれば、これほど強い会社はありません。

そのとき、経営力の元にある精神は、①正確さ、②迅速さ、③誠実さです。最近、よく問題となるコンプライアンス（法令遵守《ほうれいじゅんしゅ》）やコストを大事にした内部統制《ないぶとうせい》についても、最終的には正確さ、迅速さ、誠実さが問われる問題です。

この三つの精神をもって、企業経営は、三つの経営力を発揮《はっき》して、純資産増大・純利益増大を目指し、実行していきます。

エピローグ

対談

「資本の部」から「純資産の部」へ
～会社法の制定と会計基準の対応～

西川　郁生（企業会計基準委員会委員長）×金児　昭（経済・経営評論家　前金融監督庁顧問）

この対談は二〇〇六年十月十七日と二十四日に発行された、「週刊経営財務」(№2742&2743/税務研究会発行)に掲載された、企業会計基準委員会委員長(当事副委員長)・西川郁生氏との対談を、一部編集の上、掲載させていただきました。文中は敬称を略させていただきました。

なお、このエピローグの対談は肩の力を抜いて読んでください。ただ、世の中の「純資産」の見方は、こんな検討ののちに変わっていくのだなあ、と感じていただけると嬉しいのです。

二〇〇七(平成十九)年五月

金児　昭

◎「資本の部」から「純資産の部」へ変わる理由

金児　昭（以下、金児）　欧米で、企業経営・企業会計の本源的《ほんげんてき》な考えの「資本」は、簡単に言うとネット・エクイティしかありません。シェアホルダー・エクイティとか、ストックホルダー・エクイティということばはありますが、財務諸表で基本的にはネット・エクイティだけですね。

一方、日本には、資本、資本の部、自己資本、株主資本、純資産と五つもありますが、企業会計基準委員会の公表した「貸借対照表の純資産の部の表示に関する会計基準（案）」では、「純資産」に統一されるということですね。このことについて、ある種の感激的な感じもありますが、これはどのような経緯《けいい》から出てきたものですか。

西川郁生（以下、西川）　基準としてそういう方向を目指したきっかけは、ストック・オプションの会計基準をつくっている最中に、ストック・オプション、科目名で言うと新株予約権の表示場所に困ったためです。

従来、新株予約権は負債に入れていたわけですが、基本的に資本に振《ふ》り替《か》わるという性格のものですから、企業が有する経済的資源の流出という負債の性格を持っていないのではないか。その一方で、現在の株主に帰属する資本かというと、それも違うという話になりました。

検討の結果、負債でも資本でもないという新株予約権は、連結財務諸表の少数株主持分に似ていることから、新株予約権と少数株主持分を一緒にして、資本でも負債でもない中間区分に置くことを考えたわけです。その点も含めて、「ストック・オプション等に関する会計基準」の公開草案を公表しましたが、これが公開草案を出す過程でも評判が悪かった。どちらかというと中間区分が生理的に嫌がられたという感じもありました。

このため、ストック・オプションを検討する中では解決がむずかしいと判断し、バランス・シート全体の大きな枠組みを議論する場として「貸借対照表表示検討専門委員会」を設置し、検討することになりました。ストック・オプションの検討だけでは、少数株主持分の表示のあり方は検討できないというのは当然で、別の枠組みをつくって視界が開けたわけです。

その結果、「貸借対照表の純資産の部の表示に関する基準」の公表を目指すことになったわけですが、その検討においては、中間区分という考え方をやめて、少数株主持分も新株予約権も純資産の中に入れてしまおうということになりました。純資産というのは積極的に定義されるものというより、資産と負債の差額ですね。

ただ、日本には、①現在の親会社株主は、子会社株主あるいは潜在株主とは違うということを明確にしないといけないという考え方、②いわゆるクリーンサープラス関係を維持

連結貸借対照表の純資産の部

純資産の部	
Ⅰ　株主資本	
1　資　本　金	×××
2　資本剰余金	×××
3　利益剰余金	×××
4　自己株式	△×××
株主資本合計	×××
Ⅱ　評価・換算差額等	
1　その他有価証券評価差額金	×××
2　繰延ヘッジ損益	×××
3　土地再評価差額金	×××
4　為替換算調整勘定	×××
評価換算差額等合計	×××
Ⅲ　新株予約権	×××
Ⅳ　少数株主持分	×××
純資産合計	×××

（注）「貸借対照表の純資産の部の表示に関する会計基準等の適用指針（案）」（企業会計基準委員会・平成17年8月10日）より転載。

するという考え方があります。そこで、純資産の中に株主資本を入れるという〝入れ子構造〟にして、株主資本と言う考え方を明確にしたのです（前ページの**図表参照**）。

金児　クリーンサープラス関係というのは何ですか。

西川　簡単に言うと、資本取引は別として、損益計算書（P／L）の当期純利益を通じて資本の部が増加するという関係が厳格になっていることで、言い換えれば、P／Lを通さないで資本が増減することが起きない状態のことを言います。

　クリーンサープラス関係が崩れていなければ期間損益の増減が資本の増減と一致しますが、たとえば「その他有価証券評価差額」みたいなのが資本に直入《ちょくにゅう》されるとそうはいかなくなります。もし、「その他有価証券評価差額」を資本直入と捉えず、包括利益《ほうかつりえき》の一部と捉えると、一期間の包括利益と純資産、あるいは従来の資本の部にはクリーンサープラス関係があると言えます。その他有価証券を売却したときは、「その他有価証券評価差額」を一回戻して、「原価で売ったら」という利益を出しなおして、それでP／Lにいきますね。それが当期純利益に入って資本の部を増やすという関係になっていますので、当期純利益のほうも期がずれた形ではクリーンサープラス的な関係になっているのですが、有価証券評価差額の状態では、その時点でのクリーンサープラス関係がない状態といえます。今回、純資産の中の株主資本という部分だけを見ると、当期純利益とクリーンサープラス関係にあります。ただ、学者の先生方はことばの使い方に厳格ですから、純資産の部の一部についてクリーンサープラス関係という用語を使用することは基準案の中で避けています。

――（略）――

◎包括利益項目はバランス・シート内で管理

金児　会社法の制定を受けて、株主資本等変動計算書の作成基準などを公表していますが、その変動計算書や包括利益という考え方と、今回の「純資産の部」との関係はどうなんですか。

西川　包括利益については、今の日本の会計の中で、どういうものが包括利益に入ってくるかというと、たとえば「その他有価証券評価差額」や「為替換算調整勘定」それから「繰延ヘッジ損益」も今後そうなりますが、これらの純資産で示される評価換算《ひょうかかんさん》差額《さがく》の項目の期中における増減額が、当期純利益にプラス・マイナスされて包括利益になっていくというイメージです。

その場合、たとえばその他有価証券評価差額の当期の増減、あるいは為替換算調整勘定の増減にどれくらいの意味、あるいは情報価値があるかということだと思います。少なくとも、包括利益の一部であるその他包括利益として位置づけるのではなく、期首から期末にかけての変動額がわかるようにするということですね。

たとえば、為替換算調整勘定は、在外子会社の財務諸表を円に換算したときの換算レートの差ですが、将来その子会社をたたんで円にして持って帰るということを考えなくて、基本的には在外《ざいがい》子会社もゴーング・コンサーンでやっていくという世界では、そこで出た損益はあまり意味を持ちません。

金児　そうですね。

西川　そうすると、その円換算した増減を損益計算書に放り込んで、それによって今年の業績が上がった下がったという議論をして、どういう意味があるのかということですね。少なくとも業績には関係ないという見方が強いですね。むしろ、業績から見たらノイズだという見方です。

金児　その辺がむずかしいんですね。私は六年前に信越化学の役員を辞任したんですが、それまで実務を四〇年近くやってきました。そして、連結決算書をつくるとき最終的に円に直すんですが、全体の三分の二ぐらいがドルなんです。だから、ドルベースの連結財務諸表を自分ひとりでつくっていたのです。アメリカに本社があるような考え方で判断しないと、経営を間違ってしまいますから。

そういうふうに考えると、為替換算は貸借対照表の資本の部に関係ないという考え方もありますが、やはり、どこかに入れて価値を認めるべきだと思いますが……。

西川　管理会計的には多通貨会計で切り離したままでいいと思いますが、財務報告になると、違う通貨を最後は一通貨で表示しないといけないので、仰《おっしゃ》るようにドルによる活動のほうが多ければ、ドルで表示した財務諸表のほうが実態を表すということはあると思います。そうすると何が起こるかというと、日本円の連結財務諸表で為替換算調整勘定が当期に換算益になるのであれば、ドル表示の連結財務諸表では同じだけ換算損になるわけですね。

金児　そういうことです。

西川　そうすると、それをもし業績に入れると、円の財務諸表では換算で儲かったと喜び、ドルの財務諸表では換算で損したといって謝ったりするという妙な話になってしまいます。これは今私が言っていることではなくて、昔、ソニーの盛田さんが仰しゃっていたことです。

金児　だから頭を切り替えて、ドルで見ていく考え方をとらないと、と思います。まだ今は三分の二くらいだからいいですが、四分の三が海外になったら、ドルの決算書をつくらなければおかしくなってしまいます。

同じことがセグメント情報にも言えます。セグメント情報に公認会計士の監査が必要になったので、企業も重要視するようになりました。ただ、経営に役立てるという観点から言えば、円だけで判断するとおかしくなっちゃいます。

西川　だから少なくとも、継続を前提とした在外子会社の為替換算調整勘定はP／Lには跳ねなくて、バランス・シートだけで管理しているのがいいのではないかということです。

金児　そうですね、そのほうがいいですね。

◎純資産採用でROEの分母はどうなる？

金児　たとえばROE（株主資本当期純利益率）などの指標は、これからどうなるのでしょう。分子は当期純利益だからいいですが、分母は株主資本と日本語で言っていますが、どうなりますか。

西川　今までは、資本の部は株主資本と言っても、純資産と言っても、自己資本と言ってもみんな同じ数値で、それが分母になっていたわけですね。それと同じように求めることを踏襲《とうしゅう》するのであれば、それはそれでできます。今度の「純資産の部」の建て付けはそうなっていますから。内訳があって、現在の資本の部と同じ数値を出すことはできます。単純に言えば、純資産の部のうち、少数株主持分と新株予約権を除けばいいだけですね。

金児　そこのところをもう少し詳しく教えてください。

西川　「純資産の部」は、概念的には株主資本とそれ以外に区分されますが、表示上は①株主資本、②評価・換算差額等、③新株予約権、④少数株主持分の四つに分かれています（連結バランス・シートの場合）。株主資本には、その他有価証券評価差額のような評価差額は入れず、次の評価・換算差額等に入れます。この二つが、従来からの自己資本に相当するので、ＲＯＥのＥ（分母）の数字が必要であれば、ここを足し算して分母にするということです。

ただ、ＲＯＥが広く要求しているのは、東京証券取引所ですので、東京証券取引所が考え方を示すことになると思います。

金児　株主資本というのは、資本金、資本剰余金、利益剰余金、自己株式でしょう。為替換算調整勘定と繰延ヘッジ損益はどうなりますか。

西川　「評価・換算差額等」に入って、従来からの考え方を続ければ、ＲＯＥの分母を構成します。

金児　つまり、少数株主持分と新株予約権を除くということですか。

新株予約権は負債的な性格が残っているために、除くのですか。

西川　企業の経済的資源の流出はなくても現存株主の観点も入れて考えるとそのようなことがいえるわけですね。

◎〔資産－《マイナス》負債＝純資産〕の「負債」に意義あり

金児　次に純資産にスポットを当てたいのですが、まず資産から負債を引くと純資産という考え方でいいんですよね。

西川　そのように考えています。

金児　資産から負債を引けば純資産というのは、会計の専門家はわかるけど、一般の人にはわからないと思います。仕方がないので、わたしは自分の著書の中で、資産をプラスの資産、負債をマイナスの資産と説明しています。そうすると両方とも資産ということばが入り、差し引きすると純資産になるのです。この考え方についてはどのように思われますか。

西川　負債をマイナスの資産と言った人は浅学のため、あまり知りませんが（笑）、別に構わないと思いますよ。

金児　私が勝手にやるのならかまわないのですね。ただ、純資産というからには、「ネット」ですね。ネットだから、何かと何かのグロスであるからネットが出てくると考えたいのです。自分のやさしい本の中では、仕方がないから、プラスの資産（資産）、マイナスの資産（負債）と書いているんですがどうでしょう。

西川　まあ、資産から負債を引いたのが純資産というのは、会計をかじった人にはごく普通のことだと思いますが。

金児　今までは「資本」という別のことばを使っていたからそれでよかったのですが、今度は純資産になって、資産と言うことばが入っていますね。純資産というのは英語の、Net EquityとかNet Interestと同じで、非常にいいことばなんです。だから、プラスの資産、マイナスの資産というふうに考えていかないと、M＆Aの実務には――私は三〇年間に一〇〇件くらいM＆Aに参画してきましたが――馴染まないんですよ。

簡単に言えば、純資産の時価評価と売買価格との差が、〝のれん〟です。このようにM＆Aのときに、海外でも日本でも、ふだんから〝Net Equity、純資産〟と使っているんです。その観点から見ると、今回「純資産」としたのは非常に馴染みがいい。だから、そういう点では今変えておくのが一番いいと思いますが、いかがですか。

西川　負債というのはみんな知っていることばだから、たとえばＡＳＢＪが負債をマイナス資産として説明しなおすという局面はないかなと思います。

金児　完全に置き換えなくてもいいと思います。たとえば、私は世の中が使っている「債務超過《さいむちょうか》」を「負債超過」と言っています。それは、資産＞負債が資産超過、資産＜負債が負債超過、であると思うからです。なんとか会計用語をやさしくしたいと念じています。

◎損益計算書は当期純利益までを計算

金児　ところで、今回の会計基準案が正式に確定すれば、これまでの「資本の部」は「純資産の部」に替わりますよね。証券取引法の適用会社も会社法の適用会社も、すべて「純資産の部」になるのですから。中小企業も会社法の適用会社ですから、「純資産の部」となるのですね。

西川　基本的には、そういう話です。ただし、中小企業には少数株主持分とかありませんし、一般的には新株予約権もなければ、評価差額もないということで、名称以外実質的に変わらないかもしれません。

金児　すべての会社の「純資産」導入に伴って、P／Lのほうも影響を受けて、当期未処分利益計算の部分がなくなり、P／Lは当期純利益までを計算することになるのですか。

西川　当期純利益の下に書いていたものは、株主資本等変動計算書のほうで増減を出すことになります。ですから、当期純利益の下の計算は要らないことにするわけです。

金児　アメリカの上場会社は、損益計算書の下に「その他包括利益」と書いてありますが、それは今回は関係ありますか。

西川　包括利益概念は表示上、入れておりません。ただ包括利益は、自分で計算しようと思えば計算できます。株主資本等変動計算書の中で、たとえば有価証券評価差額や為替換算調整勘定など、それぞれの当期の増減差額を当期純利益に加減してやれば、包括利益は計算できます。

金児　その財政状態変動表（株主資本等変動計算書）ですが、海外で実務的には三〇年も前の一九七〇年代から実際にやってました。遅ればせながら日本に入ってきますが、いいことだと思います。これは〝残増減残《ざんぞうげんざん》〟表になっているから素晴らしいと思います。純資産をつくったことと連動しますね（次ページの図表参照）。

西川　そうですね。

金児　会社の中では結構大変だと思います。というのも、「残・増・減・残」（残受払残）という考え方は、日本では受払表と商品有高帳しかありませんから、その考え方を会社の中で、とくに販売、製造、研究の方々に説明するのは、結構大変なんです。なかでも販売の方々が、その考え方がわかるかわからないかで、ずいぶん仕事の仕方が違うんです。ここで、株主資本等変動計算書が出てきた経緯から、ちょっと話していただけますか。

西川　直接のきっかけは会社法です。会社法制の現代化要綱段階では、株主持分変動計算書と言っていましたが、ASBJのほうで株主資本という概念《がいねん》を新《あら》たにつくりましたので、株主資本等変動計算書という名称に変えて、しかも連結財務諸表にも導入するというふうにしたということです。

評価・換算差額等				新株予約権	少数株主持分	純資産合計
その他有価証券評価差額金	繰延ヘッジ損益	為替換算調整勘定	評価・換算差額等合計			
×××	×××	×××	×××	×××	×××	×××
						×××
						△×××
						×××
						×××
						×××
×××	×××	×××	×××	△×××	×××	×××
×××	×××	×××	×××	△×××	×××	×××
×××	×××	×××	×××	×××	×××	×××

連結株主資本等変動計算書

	株主資本				
	資本金	資本剰余金	利益剰余金	自己株式	株主資本合計
前期末残高	×××	×××	×××	△×××	×××
当期変動額					
新株の発行	×××	×××			×××
剰余金の配当			△×××		△×××
当期純利益			×××		×××
×××××					
自己株式の処分				×××	×××
その他			×××		×××
株主資本以外の項目の当期変動額(純額)					
当期変動額合計	×××	×××	×××	×××	×××
当期末残高	×××	×××	×××	△×××	×××

（注）「連結株主資本等変動計算書等に関する会計基準の適用指針（案）」（企業会計基準委員会・平成 17 年 8 月30日）より転載。脚注は省略している。

海外では、基本財務諸表という位置づけなので、日本でも、個別・連結にかかわらず基本的な財務諸表として位置づけようという趣旨《しゅし》です。

◎四半期株主資本等変動計算書の要否も検討へ

金児　会計基準のタイトルは「連結株主資本等変動計算書等に関する会計基準（案）」ですね。連結計算書類の一つにも入ってくるんでしょうか。

西川　連結計算書類の一つとなるということです。また、この会計基準には「等」が二つついていてややこしい基準名になっていますが、「株主資本等」の「等」は、株主資本だけではなく、その他の純資産項目の変動も記載していることを意味し、「計算書等」の「等」は、単に連結だけでなく、個別も含んでいるという意味です。

金児　タイトルに「連結」がつくから、会計基準のタイトルだけみると、個別の計算書類だけつくっている中小企業には関係ないのかなと思われてしまいそうですが、たとえば「連結及び個別」と思うのですが。

西川　かつて、企業会計審議会が公表した「連結キャッシュ・フロー計算書等の作成基準」で「等」をつけて個別も含めていたという前例がありました。今回もその前例によっていますが、公開草案の段階ですので、基準の名称も含めてまだ確定しているものではありません。

金児　中間の株主資本等変動計算書も同様にして作成するということになりますね。

西川　一応そうなっています。

金児　それは、証券取引法上の開示を想定《そうてい》しているのですか。

西川　そうです。ただ、もし中間財務諸表（半期報告書）という制度がなくなるとすれば、四半期開示に株主資本等変動計算書が必要なのかということはあると思います。

金児　もし四半期開示制度が導入されて中間がなくなるとすると、今後どうなりますか。

西川　そうなりますと、四半期会計基準をＡＳＢＪで検討している中で、株主資本等変動計算書は四半期ごとにいるのかという議論が出てきます。もし仮に、四半期《しはんき》で株主資本等変動計算書は作成しなさいということになれば、それに代わる資本の部の主要な変動情報は注記の形で出すことになるかと思いますが、これは多くの方の意見を聞いてこれから決めることになります。

◎M&Aの観点からも経営・会計の根源に「純資産」採用を評価

金児　会社法を受けて公表された「役員賞与に関する会計基準(案)」では、ようやく役員賞与を費用処理に一本化しましたね。ただ、三〇年前から海外子会社は役員賞与を一般管理費で処理して、そのまま連結してきました。そういう点では、連結決算の三〇年の遅れをみると、商法はギルティですね。日本国の中だけしか通用しない商法が、明治時代からずっと威張ってきたから、三〇年間も全然直らなかったのです。でも商法学者も、会計ビッグバンのときから一生懸命に会計の世界へ入りたくなって、今は入ってきていますね(191ページの**図表参照**)。

西川　だから、今の会社法関係の人たちは、基本的に会社法は会計の制約・障害になるようなことはないと考えていますよね。

金児　たとえば、我々は国際事業経営で、税効果会計《ぜいこうかかいけい》実務を三〇年前からやっているのです。ところが、商法にはもともと、そういう概念はない。つまり、未払税金は一円まで国に対する債務であるという考え方になってきたんですね。そうすると、税効果会計が入ってくる余地がない。そうしたら、ある日突然ある商法学者さんが「商法にも税効果会計という考え方はあった」なんいて言い出して、私なんかビックリして、面食らっちゃったんです。

そういう意味では、戦後の商法が日本をおかしくしたんだと思います。資本金も資本充実の原則と言うのがずっと貫かれてきたのでしょう。結局、資本金は一円でいいことになって。かつて私がジョインしていた会社が「非・敵対的」買収をしたシンテックという米国子会社がありますが、三〇年前の一九七六年に買収したとき、資本金一〇ドルだったんです。大蔵省に持っていったら、間違っているというんです。資本金は一〇ドルでいいんだということを説明するのが大変でした。そういう点だけでも、商法は三〇年遅れです。そのシンテックですが、優良企業になっています。従業員二三〇人で経常利益が二七一億円（二五一百万USドル）。この会社の資本金は二〇ドルです。

会社法が三〇年遅れだったから、M＆Aも三〇年遅れた。それで、ホリエモン（堀江氏）が出てきて、みんなびっくりしてしまったんです。

私は「非・敵対的」という言葉を一九八九（平成元）年に造りました。皆、ホスタイル（敵対的）に対してフレンドリー（友好的）と使っていますが、フレンドリーに対してアンフレンドリーでしょう。ホスタイル（敵対的）に対する言葉はないんです。だから、「非・敵対的」という造語にしました。

そういう意味で、純資産は、M＆Aの実務でも幅広く普通に使われていることばだから、よくぞここで決断して、企業経営・企業会計の根源に純資産という用語を入れる案を出されたと思いますね。

西川　金児さんの米国の経営・会計の実務をお聞きして、視野が広がり、とても参考になりました。

30年間、日本は、米国の企業会計を真似てきた実績を見て、米国会計をベースとせざるを得なかった（金児の反省）

米国と日本の比較	
当時の米国企業会計	その後の日本の企業会計・会社法
シンテック資本金10＄＝1,000円	2006年から資本金１円
持株基準による完全連結決算	1997年から実施。支配力基準
テキサスレンジャーズの勝負で持分利益が増減	1997年から実施。影響力基準
企業会計の耐用年数（10年）と定額法 税法の耐用年数（５年）と２倍定額法	いまだに米国の考え方と違う
税法の減価償却＞会計の減価償却であるから，未払の税金，繰延税金負債	商法学者が「日本の商法にもこの考えはあったと表明」
予想＜実績 予想＞実績　の場合訴訟リスク大	いまだに米国の考え方とは違う
働いた対価は費用（コスト）と考えていた	2006年に実施予定
一般に買収価額＞純資産の時価 ⇨のれん	平時の子会社株式は取得原価主義 のれん（営業権）は、 日本：20年以内で償却 米国：償却せず；減損
自己株式は資産ではなく純資産控除	21世紀から自由取得
業績大→株価大→役員・従業員報酬大	30年前に導入を検討したが（商法210条で禁止だった）

3．純資産（資本）は Net Equity 一本。(別名 Stockholders' Equity, Shareholdrs' Equity)

4．財政状態変動表（純資産の各科目毎の「残増減残」）は30年前に米国に存在。

30年前の「1976(昭和51)年の米国企業買収、子会社化時」の経営・会計〔金児昭の体験〕

No.	10 項 目	米国企業会計・会社法
①	資 本 金	資本金は１＄でよし。同時払込金は追加払込資本として資本剰余金となる
②	連結決算・連結納税	1984年にＧＥ社が世界で初の連結（日本の制度は1977年にできたが画餠）
③	持 分 法	大リーグ（ア・リーグ）のテキサスレンジャーズが持分法の関連会社
④	会計独自（脱・税法）減価償却	会計独自の耐用年数と償却方法（定額法）
⑤	税効果会計	繰延税金負債が圧倒的に多かった
⑥	次期業績予想	訴訟リスクを恐れて公表せず
⑦	役員賞与は一般管理費処理	役員は従業員と同様で報酬・給料はコスト
⑧	買収価額の完全時価会計とのれん	子会社・関連会社の時価評価
⑨	自己株式の自由取得	自己株式取得は有償減資でなら配当
⑩	ストック・オプション	株を与え，株価と連動して働く意欲

（注）1．納税も「連結納税」が行われていた。
2．結合会計は合併する会社を買うというパーチャス法が主流。日本は現在も持分プーリング法が主流。

金児　西川さん、本日は種々教えていただきまして、ありがとうございました。

「残増減残」「科目の四マス」について

〃「残増減残」（51頁、183頁参照）と「科目の四マス」（52頁参照）はコロンブスの卵である〃とのお言葉を、井上良二青山学院大学大学院教授からいただきました。これは、「税経通信（二〇〇七年六月号・税務経理協会）」の中で、拙書『会社「経理・財務」入門』（日本経済新聞出版社）の書評をしてくださった際のお言葉です。また、二〇〇五年には、故加古宜士早稲田大学教授から、〃「科目の四マス」は金児さんの素晴らしい発明です〃とのお手紙をいただきました。多謝です。

著者略歴

金児　昭（かねこ　あきら）

1936年，東京に生まれる。東京大学農学部農業経済学科卒業後，信越化学工業（株）入社。38年間，経理・財務部門の実務一筋。92～99年，常務取締役（経理・財務，法務，資材担当）。

現在，経済評論家・経営評論家。信越化学工業（株）顧問。日本ＣＦＯ（最高経理・財務責任者）協会最高顧問。「会計」に軸足を置いた「民間エコノミスト」として活躍中。

94～97年，公認会計士試験（筆記・口述）試験委員。98～00年，金融監督庁（現金融庁）顧問（専門分野『企業会計』）を歴任。社交ダンス教師有資格者（1996年～）。

【主な著作】

『ビジネス・ゼミナール　会社「経理・財務」入門』『Ｍ＆Ａで会社を強くする』『教わらなかった会計』『日経式　おとこの「家計簿」（共編）』（以上，日本経済新聞出版社），『いつか社長になってほしい人のための「経営と企業会計」』『経理・財務の実務に必要な「知識×実行」（監修）』『アメリカの連邦税入門（監修）』（以上，税務経理協会），『リーダーのための簿記の本』『金児　昭の七人の社長に叱られた！』（以上，中経出版），『「できる社長」だけが知っている数字の読み方』『これでわかった！バランス・シート』『人を不幸にする会社・幸福にする会社（共著）』（以上，ＰＨＰ研究所），『お父さんの社交ダンス』（モダン出版）ほか。

著者との契約により検印省略

平成19年５月25日　初版第１刷発行
平成19年６月25日　初版第２刷発行

できる社長の会計力
～経営・会計の王様!!「純資産」～

著　者	金　児　　昭
発行者	大　坪　嘉　春
印刷所	税経印刷株式会社
製本所	株式会社　三森製本所

発行所　東京都新宿区下落合２丁目５番13号　株式会社　**税務経理協会**
郵便番号 161－0033　振替 00190－2－187408　電話(03)3953－3301(編集代表)
FAX(03)3565－3391　(03)3953－3325(営業代表)
URL　http://www.zeikei.co.jp/
乱丁・落丁の場合はお取替えいたします。

ISBN978－4－419－04959－1　C0034